Jorge Benson

MASS MEDIA,

Comunicación y Comunión

Visión cristiana
de la comunicación social

Índice

Presentación

de Mons. John Foley

- de la 1ª edición -

PONTIFICIO CONSIGLIO DELLE COMUNICAZIONI SOCIALI

22 Octubre 1992

N9 2864/92

Rvdo. Sr. D. Jorge BENSON

Estimado y Reverendo Dr. Benson:

Con la presente quiero acusar recibo de las pruebas de imprenta de su libro "MASS MEDIA, Visión Cristiana de la Comunicación Social".

En verdad se trata de un libro excelente, que se esfuerza con excelentes resultados en obtener, con sencillez y claridad -nos hallamos ante la obra de un verdadero comunicador - una difícil síntesis: un profundo conocimiento, del fenómeno y las variables que lo determinan, de la comunicación social moderna y el gran proyecto de Iglesia, de siempre, de predicar la Buena Noticia de salvación desde los tejados.

Hay que agradecer al autor que, con toda espontaneidad, haya sabido superar por elevación de pensamiento cualquier tentación de maniqueísmo, a la que sin duda pueden dar pie algunas ejemplificaciones y aplicaciones desviadas de ciertos medios de comunicación social, más atentos al beneficio económico o al obsequio de ciertas formas de poder que a su vocación de servicio a la comunidad humana y al progreso social, como difusores de la verdad y transmisores de va lores humanos, morales y religiosos.

En el momento de las últimas correcciones del texto que nos ocupa, la Instrucción Pastoral "*Aetatis Novae*" adquiría su forma definitiva. Naturalmente Vd., Padre Benson, no podía saberlo en razón de la reserva que acompaña los documentos de la Santa Sade, pero, con satisfacción, me doy cuenta que su obra es un válido corolario a dicho texto magisterial, que viene a completar la documentación postconciliar de la Iglesia en materia de comunicación social.

En vista del éxito de su trabajo, me atrevería a sugerirle que, de acuerdo con la lógica de la "*Aetatis Novae*", completara su obra con un análisis de las posibilidades de una actuación pastoral, prioritariamente en el ámbito diocesano y en el marco de la Iglesia en América Latina.

Nada más por el momento. Solamente expresarle mi convicción de que su obra puede constituir un excelente texto para la formación de los seminaristas en materia de comunicación social, tal y como la Congregación para la Educación Católica reclama (*"Orientaciones sobre la formación de los futuros sacerdotes para el uso de los instrumentos de la comunicación social"*. Ciudad del Vaticano, 1986).

Quisiera que la respuesta llegara en tiempo útil. No he podido anticiparla por causa de enfermedad, seguida de un periodo de convalecencia y una serie de compromisos de viaje que se fueron acumulando.

Con un cordial y atto. saludo en el Señor.

+John P. Foley
Presidente

PALAZZO SAN CARLO
001 20 CITTA DEL VATICANO

SIGLAS

AN	Instrucción Pastoral *Aetatis Novae* (PCCS).
CL	Exhortación Apostólica *Christifideles Laici.*
CDIC	Catecismo de la Iglesia Católica
CP	Instrucción Pastoral *Communio et Progressio* (PCCS).
GS	Constitución Pastoral *Gaudium et Spes.*
IM	Decreto sobre los medios de Comunicación Social, *Inter Mirifica.*
O R	*L'Osservatore Romano.*
MCS	Medios de Comunicación Social.
PCCS	Pontificio Consejo para las Comunicaciones Sociales.
PV	Documento *Pornografía y Violencia en las comunicaciones sociales* (PCCS).

INTRODUCCIÓN *La comunicación social cristiana*

Todo en el mundo es comunicación. En el reino mineral, con la interacción del átomo, en todo el universo de la biología, en el vasto mundo animal, la interacción es la ley. Y el ser humano, corona de la creación, no escapa a esta ley. No puede vivir sin comunicación. No puede realizarse ni alcanzar su fin sino mediante otras realidades que le son necesarias, y esto en todos los niveles. El ser humano crece y se desarrolla *físicamente* gracias al aporte incesante de los bienes que le procura la sociedad. En un nivel intelectual y moral se enriquece *espiritualmente* también en base a intercambios mutuos y encuentros con sus semejantes.

La persona humana está destinada a comunicar. Y de hecho se comunica no sólo por medio de lo que dice, sino asimismo por el arte, por sus fiestas, por el canto, por la danza, por la representación. Aunque lo más importante no es aquí el cómo, sino que, comunicándose, la persona sea ella misma. Que sus palabras, símbolos, gestos, silencios, sean el don de sí tal como ella es.

Esa comunicación fundamental es siempre de signo positivo. Pero si se habla concretamente de la moderna *comunicación social,* es sabido que los *mass media,* tanto los tradicionales como internet, pueden ser ambivalentes en la práctica y servir ya sea para la comunión entre las personas, comunión basada en el conocimiento y la confianza mutuas, o -muy al contrario- para la dominación ideológica, económica, racial, donde las palabras ya no tienen valor, ni las personas dignidad, y el lenguaje pierde la virginidad de su contenido.

Desde una perspectiva cristiana, la comunicación social es cooperación con el Creador, en la que el cristiano se empeña de un modo consciente y gozoso, creativo y fecundo, a imitación de Cristo perfecto comunicador, hacia una comunión interpersonal a semejanza de la común-unión eucarística, hacia una *koinonía* que refleje al modo humano la unidad intratrinitaria.

Empeño de humildad y de esperanza que conlleva en nuestros días el esfuerzo por re-orientar al servicio auténtico de los hijos de Dios los maravillosos e incesantes avances de la tecnología. Tarea de eminente caridad y de indiscutible oportunidad.

En cuanto a los medios tradicionales (prensa, radio, TV) es manifiesta la actual relevancia social del comunicador, y lo que significa el incesante y prodigioso avance técnico en las comunicaciones humanas. Por ello parece una tarea prioritaria el ofrecer a quienes influyen tan poderosamente en la formación de la opinión pública, es decir en las ideas y en las costumbres de nuestros contemporáneos, los elementos necesarios para que su desempeño sea siempre un efectivo servicio a la comunión y al progreso. Así como es siempre oportuno alentar, a quienes ya encarnan esos valores entre el público de los mass media, a tomar parte activa en la gran plaza pública de los medios de comunicación social (en adelante: MCS). Especialmente en relación al cambio que significa la posibilidad que ofrece internet, en donde la interactividad casi borra la antigua distinción entre quienes comunican y quienes reciben lo que se comunica, y está creando una situación en la que, al menos potencialmente, todos pueden hacer ambas cosas. [1]

Precisamente, la intención que guía esta obra es la de llevar al lector, desde un nivel técnico informativo, hacia una valoración ética del uso actual de los mass media, realizada en función de la concepción cristiana de la persona, agente y fin de la comunicación social, para culminar en una visión teológica de la comunicación social y del compromiso personal en relación con los MCS, hacia la comunión.

Para ello, en la primera parte se expondrán sucintamente los elementos técnicos y sociológicos básicos de la comunicación de masas, sus recursos y posibilidades. Luego, la polémica en torno a los MCS permitirá recorrer el variado campo en el cual el aporte de los mismos es hoy ambivalente, es verdad, pero prácticamente imprescindible.

En una tercera parte entrará en escena el gran protagonista de la comunicación social: *la persona humana*, clave de bóveda de la enseñanza social de la Iglesia. La dignidad y vocación trascendente de la persona sentará las bases para una ética de los MCS.

En la cuarta parte, netamente teológica, consideraremos el fenómeno de la comunicación y la realidad de los MCS a la luz de la Trinidad, a cuya imagen y hacia cuya semejanza fue creado este *ser para la comunicación* que es la persona humana. Tal es la enseñanza de Cristo, perfecto comunicador y maestro de comunicación.

Finalmente, en la quinta parte intentaremos concretar el empeño del cristiano en relación con los mass media, en una triple perspectiva: los cristianos *ante* los MCS, signos de los tiempos, los cristianos *en* los MCS, como servidores y testigos, y los cristianos *con* los mass media, anunciando el Evangelio. Respectivamente, *valoración* positiva, *animación* redentora y *utilización* pastoral.

Si hoy la web está de moda, si el mundo globalizado comparte informaciones que surcan las autopistas de la red planetaria, imaginamos las autopistas de la información como nuevas vías de otro "Imperio Romano". Aquéllas sirvieron a los Apóstoles para llevar el Evangelio. Estas también pueden ser canales del bien, la verdad y la belleza.

I. LA MODERNA COMUNICACIÓN SOCIAL

1. LA COMUNICACIÓN SOCIAL

a. Nociones fundamentales

¿Qué es la comunicación social?

Es la trasmisión de un determinado *mensaje* que un emitente, fuente o *comunicador*, dirige a un receptor, destinatario o *perceptor*, a través de ciertos medios de difusión, con una cierta *repercusión* en éste en particular y en la sociedad en general.

Como puede apreciarse, se trata de un fenómeno *circular* más que lineal: no es un monólogo, no es un lanzar al aire un mensaje, sino que se trata, precisamente, de un proceso *comunicativo* que une de alguna manera al que emite y al que recibe un determinado contenido.

Y eso ¿para qué?

La comunicación social se propone y orienta a la *información*, de todo aquello que pueden ofrecer los MCS (medios de comunicación social) a un público ávido de noticias; a la educación o *formación cultural*, que aunque de una manera inorgánica se produce ininterrumpida y universalmente; al *entretenimiento*, el descanso y la diversión en el tiempo libre. Pensando en las redes sociales podemos agregar, también, la *interacción* entre las personas.

Es decir, las **funciones** de la comunicación social son:

- *información* (para dar a conocer hechos y necesidades: verdaderos y falsos, interesados o desinteresados, con contenidos comerciales, políticos, religiosos, policiales, etc.).

- *formación* (para educar, como escuela paralela o complementaria, en autoeducación).

- *entretenimiento* (juegos, espectáculos, programas cómicos, etc.).

- y la *interacción* (redes sociales).

La comunicación moderna ha ido evolucionando desde la territorialidad y previsibilidad hacia la deslocalización y la imprevisión, desde la dificultad para armar medios hacia la facilidad aportada por los nuevos recursos técnicos; en fin, desde la distancia hacia la inmediatez. [2]

Pero los **fines** de la comunicación social, en un plano más profundo, siguen siendo *el progreso* y *la comunión* entre las personas.[3] Progreso del que se nutre de un contenido, hacia una comunión, como veremos, entre la riqueza de ambas personas.

En ese círculo de la comunicación podríamos ir señalando:

- el *fenómeno* básico de la relación humana,
- el *contenido* de la comunicación en una circunstancia particular, es decir el mensaje, y
- el empleo de *instrumentos técnicos*.

En cuanto a los *elementos* de la comunicación social, pueden ser enumerados distinguiendo, en el círculo de la comunicación, los *medios* o los instrumentos (prensa, radio, televisión, y los que nos conectan a la web), la *fuente*, el *mensaje* y el *público*. La fuente codifica un mensaje, que luego comunica, a través de un medio, a un público que lo decodifica.

Por ejemplo: la fuente puede ser un predicador callejero, o la BBC de Londres con miles de empleados; el mensaje puede ser el gol del equipo favorito, o el anuncio de la declaración de una guerra mundial; el medio va desde aquella voz que predicaba en el desierto hasta la instalación satelitaria que va rodeando el planeta; el público de los MCS, en fin, es, en principio, la entera sociedad.

b. La dinámica del proceso

Se trata, por lo tanto, en la comunicación social, de un cierto pasaje de contenidos mentales que se *comunican*, es decir que se hacen comunes a aquellos que están comprendidos, de un modo libre, en el proceso comunicativo.

Este proceso enriquece a los destinatarios sin empobrecer a quien trasmite. Enriquece a ambos extremos, como enriquece al que posee algo la acción de darlo, o al que enseña la misma acción de enseñar.

Por el proceso de la comunicación, por tanto, se promueve una cierta relación, relación de participación, de común-unión en sociedad.

Tal vez el origen etimológico de la misma palabra implique un *formar comunidad*, si se trata, como opinan algunos, de una *communis-munia*, es decir de una *vinculación* entre los participantes.

Por eso es manifiesto el efecto cultural del hecho de la comunicación social, *camino privilegiado para la creación y para la transmisión de la cultura*.[4] Y tanto, que se puede afirmar que, desde el momento que la comunicación pone a diversos grupos humanos en condiciones de acumular, conservar y trasmitir su cultura, la comunicación constituye la base misma de la sociedad humana.

Ese contenido de conciencia, trasmisible mediante una codificación, es expresado mediante signos sensibles, a los cuales ambos extremos convienen en atribuirles equivalente significado. Y ese sistema de signos, en los cuales son formulados los mensajes, se llama *lenguajes*. Estos son tan variados cuantos son los diversos modos de trasmisión: oral, escrito, audiovisual, gesticular, etc. Pueden ser ya naturales, ya artificiales.

El lenguaje básico en los mass media es el *denotativo*, que informa de un hecho. A éste puede agregársele el *connotativo* de ideas, sentimientos, según la reacción buscada por el emisor.

El perceptor, al recibir el mensaje, lo interpreta o decodifica de acuerdo a su propia mentalidad, experiencia y demás condicionamientos personales. Por ello el significado del mensaje, tal como es recibido por el receptor, no coincide necesariamente con el que el deseado por el emitente.

Ese margen de subjetividad entrará en juego al momento de la respuesta del perceptor (*feed back* o comunicación de retorno), la cual será de aceptación, de rechazo, de indiferencia, de re-transmisión a otros: -*¿viste lo que salió en el noticiero...?*

c. Un poco de historia

El hombre ha desarrollado siempre medios de comunicación: sonidos no verbales y tam-tams, gestos y expresiones faciales, signos y símbolos, monumentos, inscripciones, pinturas, palabras pronunciadas y escritas, etc.

Con el correr de los siglos, la comunidad humana conoció acontecimientos y descubrimientos que exigieron un casi violento reacomodarse a las nuevas circunstancias. Entre ellos, el surgimiento de la pólvora, de la prensa, de la electricidad, de la moderna comunicación social.

Este último hecho marca, para McLuhan, la divisoria entre la galaxia Gutenberg y la galaxia Marconi, entre el modo de ser de los hombres de la cultura abstracta y los de la *cultura global*.

A los niños que hoy se sienten irresistiblemente atraídos por la pantalla hogareña les es difícil pensar que, lo que para ellos es tan común e indispensable, no existía tres generaciones -tal vez dos- atrás. Más aun, que sus padres fueron niños sin televisión, y sus abuelos sin teléfono. Y sus bisabuelos pudieron ser tan felices en su infancia aun sin luz eléctrica, la que hoy es base para los inventos más sorprendentes.

De hecho, las primeras emisiones públicas de radio comenzaron con el siglo.[5] El cine sonoro, por su parte, apareció unos diez años más tarde, y la televisión tardó otros diez en llenar el hogar de nuevos personajes. De tal manera que, cuando el primer astronauta pisó la luna, unos mil millones de terráqueos lo contemplaron, aunque no todos lo creyeron. Y se dice que, cuando las pantallas de EE.UU. mostraron *Hamlet*, la obra de Shakespeare tuvo, en esa sola sesión, más público que lo había tenido hasta entonces, durante los tres previos siglos. Sin duda alguna, la televisión marca un hito en la historia de la comunicación social.

Pero es una larga historia, cuyos jalones, después de tres mil años de escritura, bien podrían ser la invención (hace más de cuatro siglos) de la imprenta (y lo que ello significó para el periodismo), la telegrafía sin hilos, el teléfono (que extienden la radiofonía por el espacio sin fronteras), y la fotografía estática y móvil, con las posibilidades electrónicas de transmisión de la imagen, hasta la inmensa contribución de la web. Así es que la comunicación social, en incesante desarrollo, vuela hoy por los espacios y, no contentándose con ser ya global, envía mensajes a posibles habitantes de otros planetas.

Y tal parece que, de ahora en más, el progreso en esos medios no será más que un avanzar por esas sendas, aunque, como lo sugiere la historia, esta historia de prodigios, cualquier previsión puede ser temeraria.

2. LOS MEDIOS DE COMUNICACIÓN SOCIAL

a. Naturaleza

En una aproximación introductoria han de tenerse en cuenta tres aspectos fundamentales, que servirán también de base para posteriores análisis desde un punto de vista moral:

* los MCS son *instrumentos* técnicos,

* son medios de *comunicación*,

* van a ser utilizados por *personas*.

Son *instrumentos técnicos*

El decreto conciliar *Inter Mirifica* los llama, precisamente con el término *mirifica, maravillosos* inventos de la técnica, frutos del esfuerzo humano para mejorar las condiciones de vida de todos.

Esto es parte de la misión que toca a todos: contribuir a la conversión de este mundo en un lugar más habitable cada día. Y los mass media contribuyen, indudablemente, a esa tarea, por providencial designio de Dios para el desarrollo de las comunicaciones y la comunión entre los hombres mientras dura su peregrinación sobre la tierra. Así lo expresa, una vez más, el documento de la Santa Sede *Aetatis Novae*, de marzo de 1992.[6]

Ahora bien, ellos requieren en su empleo suficiente competencia técnica, lo cual dará lugar más adelante al planteo ético de la obligación de capacitarse profesionalmente.

Son *medios de comunicación*

Son instrumentos, intermedios entre quien se sirve de la técnica y los destinatarios a los que se alcance a través de aquellos con un mensaje. En definitiva, son medios para la relación entre personas. Por eso es tan importante el factor humano en el uso de estos medios que, obviamente, no tienen por sí acción independiente. Esto también dará lugar, más adelante, a oportunas consideraciones éticas.

En la actualidad el empleo de los MCS sigue estando condicionado, para muchas personas, a la posibilidad de penetrar en un complicado engranaje de técnicas e intereses.

Pero, en cuanto medios, ellos están al alcance de cualquier persona con la suficiente capacidad y la disposición de utilizarlos para este servicio cualificado de la comunidad. Servicio que bien puede verse como el del empeño por el restablecimiento de la unidad humana, perdida cuando el orgullo de los hombres quiso edificar la torre de Babel. La incomprensión de las lenguas queda superada, en efecto, de alguna manera, por los medios de comunicación con su lenguaje universal.

De hecho, si conocerse es la condición para el amor mutuo, los mass media acercan a las personas, hacen a unos conocedores de la existencia, gustos y necesidades de los otros. Ellos invitan a la comunión y participación en los respectivos triunfos y necesidades.

Y son utilizados por *personas*

No es menos cierto que, si bien puede buscarse, con la ayuda de estos medios, el perfeccionamiento de las relaciones y la unidad entre las personas, el efecto puede ser también el contrario. La experiencia diaria lo confirma, con medios al servicio del escándalo, con deformaciones de hechos, con actitudes contrarias a un diálogo sincero. Son los riesgos y los abusos de los que se hará mención en su lugar. Baste destacar aquí, como lo hace *Communio et progressio*, la enorme importancia, tanto de la competencia con que se emprenda el uso de medios de tanta trascendencia, cuanto de la disposición de los comunicadores a contribuir con ellos al bien común.[7]

Dicho de otro modo, en el uso de los MCS entra en juego la libertad de las personas para hacer uso de ellos de acuerdo a la dignidad propia y de los destinatarios. Esto requerirá una debida valoración de la dignidad y derechos de la persona del receptor, a la hora de elaborar los contenidos y mantener un justo equilibrio entre la pública información, los programas didácticos y culturales, los espectáculos y los entretenimientos populares.

b. Extensión

Para el citado documento del Magisterio, son instrumentos de comunicación social aquellos -y solo aquellos- que reúnen las tres condiciones fundamentales de *tecnicidad, idoneidad* para comunicar y la dimensión *social* o socializadora.

La televisión, la radio, Internet, la prensa periódica, el cine, parecen ser los más eficaces y difundidos, con todas sus posibles extensiones.

Documentos posteriores [8] actualizan el listado, prefiriendo retener como instrumentos de la comunicación social sólo la prensa cotidiana o periódica de información, el cine, la radio, la televisión y otros con las mismas características tecnológico-comunicativas. De este modo los distingue, sea de otros medios de expresión que, aunque relevantes, son menos específicos (como el teatro), sea de técnicas similares (por ejemplo la editorial) o complementarias de los MCS propiamente dichos.

c. Actualidad de los MCS

En lo que se refiere a su indiscutida actualidad, no deja de notarse una cierta paradoja en la acción de los medios de comunicación social.

Por un lado, ellos se dirigen a cada individuo en particular. Y ahí reside su eficacia. Ya que cada uno de los que conforman su vasto público se siente aludido personalmente -y precisamente la competencia de locutores y animadores bien puede medirse por su habilidad para lograr esa *comunicación directa*-. El hecho es que cada receptor recibe individualmente el mensaje elaborado y transmitido por el medio para ser recibido y asimilado por cada uno, en un estilo dialogal.

Pero, por otro lado, ese vasto público está integrado por miles o millones de oyentes o telespectadores, que lo reciben y, a su vez, lo difunden, siendo todos ellos, de alguna manera, afectados por su contenido. Al menos en un nivel de mera información. De modo que ya nadie ignora, como podía ocurrir tiempo atrás, lo que hay, lo que se hace, lo que se opina y dice a miles de kilómetros de distancia. Y eso de tal manera que ya no es posible prescindir de tales medios en la vida de sociedad, a nivel nacional o universal.

Aumenta cada día el número de personas capaces de adquirir una radio, un televisor, de suscribirse a un periódico, de tener en casa una PC o en el bolsillo un celular conectados a Internet. Por su parte los mass media son cada vez más potentes y van cubriendo mayores extensiones con creciente rapidez.

Lamentablemente también es verdad que no crece simultáneamente el número de personas con acceso real al uso de los MCS como expresión de sí mismos.

Por ello debe analizarse la realidad de los mass media en la doble perspectiva de la comunicación y sus posibilidades, por un lado, y del papel que juegan, dentro de la vida social actual, estos medios que la moderna tecnología pone al servicio de la persona humana.

La amplísima difusión de las nuevas tecnologías en el campo de la información ha constituido, indudablemente, un gran avance en el progreso de la comunicación entre las personas, con todas las ventajas previsibles.

Cada vez que se habla del cambio social actual se concuerda, en efecto, en atribuirles una enorme relevancia. Y la tienen, desde el momento en que contribuyen a darles una resonancia universal a los hechos que *hacen historia*, o en el lenguaje de los mass media, que *son noticia*.

CP insiste en la necesidad que siente el hombre moderno de estos medios, cuando trata de su función en la sociedad humana y al tratar de su utilidad para la evangelización.[9] Allí se indica brevemente una razón de peso: modelado por los MCS se está gestando un tipo de hombre, un cambio en su mentalidad.

Y es verdad que el lenguaje periodístico, por ejemplo, acostumbra a las personas a un estilo más conciso y carente de amplificaciones literarias. La imagen que envuelve al hombre por doquier, especialmente en el reino de la publicidad comercial, afecta con sus recursos el mecanismo racional de las decisiones personales, particularmente entre los niños.

Aun desde el punto de vista del hecho religioso, el mundo moderno no podría prescindir de la imagen como vehículo difusor y -más aun- *participador* de ese tipo de vivencias.

El mundo de hoy, reducido en sus distancias por las posibilidades comunicativas que brindan los mass media, está cotidianamente informado de los problemas ideológicos, políticos, culturales, económicos, etc., en un ámbito mundial. Los satélites han abierto las puertas a acuerdos y colaboraciones internacionales que crean lazos difíciles de quebrar.

En cuanto a los medios en particular, si la radio alteró hábitos familiares y abrió enormes perspectivas, la *pantalla hogareña* inauguró definitivamente nuestra *civilización de la imagen*. Imagen que en todas sus formas: sonora y visual, fija y animada, comercial, política, erótica, científica, enciclopédica y sentimental, y como vehículo privilegiado de la información, ha invadido el siglo.

Invasión con enormes perspectivas, al mismo tiempo, en lo que hace a la educación, el arte, la evangelización, la información noticiosa y publicitaria.

Y ello sin fronteras, ya que las ondas no conocen más límites que los de su propia potencia. Con los satélites cubriendo el espacio que circunda nuestro planeta, y con aparatos de televisión aptos para recibir directamente sus retransmisiones, la *autonomía cultural* será muy pronto, si no lo es ya, otro hecho del pasado.

El *cine*, por su parte, sigue formando parte de la vida contemporánea. Y las imágenes que pasan por la pantalla van también recorriendo el mundo, erigiendo ídolos y modelos de comportamiento. Sus recursos técnicos, cada vez más sofisticados, permiten a las personas expresarse de acuerdo a su propia idiosincrasia en un lenguaje de palabras, silencios, gestos amplificados, etc.

Lenguaje harto eficaz, adecuadamente adaptado a la necesidad, a la circunstancia, al mensaje que quiere darse a luz, a la relación humana que se quiere engendrar o compartir.

Y el hombre contemporáneo está habituado a recurrir al celuloide para tratar problemas de toda índole, incluidos los religiosos.

En cuanto a la *prensa escrita*, cualquier medio de transporte urbano es una muestra acabada y suficiente de la presencia de los medios escritos en la sociedad moderna.

Diarios y revistas ilustradas ocupan las manos y el tiempo de un viaje, sin requerir demasiada concentración, lo cual los hace el compañero ideal del hombre que viaja algo cansado y aburrido.

Todas las edades encuentran todos los gustos. Estilos y modas literarias, ideológicas, de todo tipo, van a satisfacer la demanda incesante de un público siempre en aumento que lo devora todo y que va conformando su lenguaje, opiniones, actitudes, hasta sus juegos, de acuerdo a lo que sugiere el equipo periodístico.

Y todo eso está, ahora, en millones de bolsillos. El celular (la PC, una Tablet) trae a cada persona un caudal potencial ilimitado de conocimientos, redes sociales, entretenimientos, noticias, que ya desbordan lo que uno puede concreta e inmediatamente necesitar. Todo lo que ofrecía hasta ahora la radio, la prensa, la televisión, está al alcance de la mano de millones de personas, inmediata y fácilmente.

En el areópago sin límites de Internet [10]se abren posibilidades que hace pocos años no eran ni siquiera imaginadas. Millones de personas suben y bajan ideas, reacciones, sentimientos y aportes solidarios. El mundo digital nos abre un territorio inmenso que promueve tanto el intercambio de informaciones como el encuentro entre las personas. Si la web 1.0 puso al alcance de todos conocimientos científicos, elementos didácticos, en una biblioteca inmensa, próxima y accesible en todos los idiomas, la web. 2.0 nos permite interactuar en las redes sociales[11] (en Facebook ya son 1000 millones los usuarios en todo el mundo) que conectan personas de cualquier parte del mundo, fomentan nuevas amistades, hicieron surgir incontables romances, dieron pie a la creación de grupos afines, etc.

Internet está contribuyendo a realizar cambios revolucionarios en el comercio, la educación, la política, el periodismo, las relaciones entre las naciones y entre las culturas, cambios no sólo en el modo como la gente se comunica, sino también en el modo como comprende su vida.[12]

d. El fenómeno de la opinión pública

Los medios de comunicación son, de alguna manera, como la plaza pública de la antigua Grecia, donde se intercambian noticias y en donde las opiniones se enriquecen mutuamente.

El origen, desde un punto de vista psicológico, es siempre el mismo: la natural tendencia de los seres humanos a comunicar e intercambiar ideas y sentimientos, lo cual tendrá una cierta repercusión en las costumbres y en las instituciones.

Dicha tendencia es una necesidad humana, la de compartir con el otro las propias vivencias y provocar la reacción de sim-patía -*pathos* común- en aquella persona cuya solidaridad interesa.

Cada comunicador, profesional o no, lo hará a su manera, amplificando o reduciendo, mostrándose o dejando que los acontecimientos sean los únicos protagonistas, dejándose influir o no por la respuesta lograda, y adaptando más o menos el mensaje de acuerdo con el *feed-back* o reacción suscitada.

Cuando se trata de un medio de gran influencia, todo esto tiene importancia porque se está conformando la *opinión pública*. Esto es, según Pío XII, el patrimonio de toda sociedad normal compuesta de hombres que, conscientes de su conducta personal y social, están íntimamente ligados con la comunidad de que forman parte. Es el eco natural, la resonancia común, más o menos espontánea, de los sucesos y de la situación actual en sus espíritus y en sus juicios.

En la formación de este eco, suscitado en el público por un mensaje transmitido por los mass media, se produce una reacción no necesariamente frente al hecho divulgado, sino tal vez más precisamente ante la *interpretación* que del hecho nos hace el medio que lo difunde. Y aquí es donde radica la fuerza del modernamente llamado *cuarto poder*, el poder de conmover, conducir y transformar las masas.

Los *media*, de manera consciente o subliminal, modelan continuamente la opinión y el comportamiento en todos los aspectos de la vida, incluido el religioso.

De ahí la importancia decisiva que reviste el cooperar en la tarea de formar y divulgar una recta opinión pública.

Ello supone no solamente el dominio de la técnica de la formación de la opinión, sino también clara conciencia de la incidencia de la información sobre el aparato cultural vigente y el sistema sociocultural en el que se vive.

Existe una estrecha relación, como puede apreciarse fácilmente, entre la opinión pública y la libertad de expresión. Aquella supone este derecho de cada uno a expresarse libremente por los medios públicos, a lo cual corresponde la obligación para con la comunidad de aportar cada uno su riqueza personal, tanto en lo material como en lo cultural y espiritual. Deber que supone, a su vez, la disposición al diálogo y demás cualidades que analizaremos en su momento.

En la práctica, el poder político, la ciencia, la empresa, cuentan con recursos de probada eficacia para influir y orientar la opinión pública. Las llamadas campañas populares, más o menos encubiertas, para lograr la adhesión masiva en un sentido determinado (moral, cívico, educacional, sanitario, comercial), son un ejemplo frecuente.

Ello no quita que, a menudo, la opinión pública es, efectivamente, el auténtico eco y resultado de las voces que recogen los medios de tal o cual comunidad. Voces que, así unificadas por el medio que las reúne, vuelven luego, a través de éste, al seno de la sociedad, multiplicadas, por el prodigio de los MCS, potencialmente al infinito. Es entonces que esa opinión general se constituye como una presión sobre los individuos, orientados de algún modo a identificarse con esa posición común, por aquello que los psicólogos llaman la *dinámica del grupo*.

Aquí ya no cuentan solamente los razonamientos y argumentos, sino también la adhesión emocional, la pereza de pensar por sí mismo, la fuerza de una presentación que no deja lugar a dudas sobre la conveniencia de no desentonar con el todo social.

Esta presión no es, sin embargo, infalible. Se han registrado con frecuencia reacciones adversas a campañas masivas, que han puesto de manifiesto la perenne libertad de espíritu de la persona que se conduce por sus propias motivaciones, frente a la fuerte sugestión de las campañas de opinión.

Pero, más allá de las posibles manipulaciones, es siempre posible, aunque difícil, el trabajo en favor de una auténtica opinión pública. Las dificultades se presentan tanto del lado de los temas que entran en juego, de complejidad y variedad cada vez mayor, como del lado de los medios mismos, o mejor aún de las fuentes de la información, con sus reticencias, condicionamientos y obstáculos.

Además, el pluralismo de la sociedad moderna exige una diversidad y una universalidad de expresiones, en las materias opinables, que impide el reducirlo todo a un más o menos fiel denominador común de opiniones, o a la voz del más poderoso.

Donde no hay un consenso, debe darse un estado público de los asuntos del día al que todos y cada uno puedan acceder, y sobre el que todos y cada uno pueda trabajar y elaborar sus propias conclusiones.

Siempre tendrá su importancia la opinión mayoritaria, afirma CP,[13] tanto más cuanto más verdaderamente ella exprese el común sentir y tenga, tras de sí, el respaldo de la competencia y de la experiencia.

Existe una suerte de opinión pública en todo grupo social. La Iglesia, por ejemplo, como comunidad de ochocientos millones de personas, no es una excepción. Su opinión pública tiene, es verdad, algunas peculiaridades, como su sobrenaturalidad o el hecho de la autoridad doctrinal que vela por el consenso en lo que no es materia opinable.

II. AMBIVALENCIA MORAL DE LOS MCS

Una descripción del mundo de la comunicación social, de sus elementos técnicos y de su impacto social actual, no puede prescindir de sus aspectos polémicos.

Como veremos a continuación, el empleo moderno de los mass media ha dado lugar a encontradas reacciones, motivadas por sus limitaciones y por los abusos de los que son ocasión.

Ello nos obligará, pues, a completar el cuadro con algunos elementos éticos, especialmente referidos a quienes tienen en sus manos medios tan influyentes.

Volveremos sobre este análisis cuando, desde el punto de vista de la persona, estudiemos los efectos de los MCS y los riesgos por superar en vista de la formación del público.

1. EL VALOR DE LOS MCS

Un juicio de valor sobre el moderno uso de los mass media no es tarea sencilla, dada la variedad de elementos que entran en juego y que condicionan, de diversas maneras, tanto la actuación de los comunicadores como la recepción de su mensaje por parte de su público, tan amplio y heterogéneo.

Por otra parte, una ética de los MCS debe considerar la relativa autonomía de este ámbito complejo, en el que se combinan las más variadas ciencias y técnicas con las más contrapuestas intenciones.

Comencemos con una breve consideración acerca de la relación entre los MCS y el bien público.

a. Los MCS y el bien público

La persona se realiza por medio de la cultura, es decir por el pleno cultivo de los bienes y valores de la naturaleza. Desarrollando las múltiples dotes de su personalidad, somete el mundo a su poder y vuelve más humana la vida social, haciendo progresar las costumbres y las instituciones. La cultura debe ser referida a la perfección total de la persona humana, al bien de la comunidad y de la sociedad entera.

Es preciso, entonces, cultivar la facultad de admirar, de penetrar la realidad, de contemplar, de formar juicios personales y de alimentar el sentido religioso, moral y social, y contribuir en gran manera a que la gran familia humana se eleve a categorías superiores de verdad, bondad y belleza.

Los MCS, decía Pío XII, deben servir a la verdad para estrechar más fuertemente los lazos entre los pueblos, la mutua comprensión, la solidaridad en las pruebas, la colaboración entre los poderes públicos y los ciudadanos. Servir a la verdad significa no solamente apartarse de la falsedad y del engaño, sino evitar también aquellas actitudes tendenciosas y parciales que podrían fomentar en el público conceptos erróneos de la vida y del comportamiento de los hombres.[14]

A la tarea de servir a la verdad contribuyen también el arte y el espectáculo, así como una información veraz. Información que ha de extenderse también a los hechos en sí mismos lamentables, ya que ello puede dar lugar, si se trata de un mal, a su corrección, si de un desastre, a muchos actos de compasión y caridad, y en todo caso, si ella es veraz, al bien de la información.

Se puede, por ende, aplicar a los mass media lo que dice el Concilio de *las letras y las artes*, que tratan de expresar la naturaleza propia del hombre, sus problemas y su experiencia en el esfuerzo por conocer y mejorar el mundo. Asimismo procuran descubrir su situación en la historia y en el universo, sus miserias y alegrías, ilustrar las exigencias y las energías humanas y anticipar un destino humano mejor. De esta manera pueden elevar la vida humana, que encuentra en ellas su expresión, conforme a los estilos diferentes de tiempos y lugares.[15]

b. Ambivalencia de los mass media

Pero también es verdad, sin embargo, que la fácil avalancha de comunicaciones recibidas a diario mantiene al público en un constante estado de excitada receptividad, y entraña, paradójicamente -entre otros riesgos que analizaremos más adelante-, un adormecimiento peligroso ante esa trama monótona de sucesos exteriores, donde se anudan con la misma relevancia catástrofes, festejos civiles o religiosos, muertos de guerra o tratados comerciales.

Pero éste no es más que uno de los riesgos que implica el *cerco* de los mass media. Han aparecido para facilitar el contacto humano, y en realidad las personas pueden encontrarse más rápido y están más próximas; no siempre, sin embargo, esta proximidad llega a lo interior. Pero, a la vez, todo este sistema tan perfeccionado deviene una red en la que todos quedamos encerrados.

La publicidad es uno de los puntos en que los medios de comunicación muestran mayor ambivalencia, entre valores positivos y negativos tan eficazmente realizados unos como otros.

En relación con el fenómeno social que esto implica, CP no deja de señalar riesgos y defectos, y los límites de toda publicidad: ha de ser verdadera y respetuosa de la libertad del eventual comprador.[16] Advertencia ésta muy oportuna y de enorme contenido, si bien breve, por todo lo que supone desde el punto de vista psicológico moral. En efecto, con frecuencia las decisiones que se creen propias han sido, muy probablemente, pre-condicionadas de antemano mediante el empleo de desconocidos procedimientos subliminales.

Pero, sin entrar en terrenos tan complejos, es frecuente -y lo confiesan las mismas agencias de publicidad- el recurso a la *noticia* que informa de tal o cual acontecimiento que viene a crear una cierta necesidad, la cual será cubierta poco después -segundo momento de la campaña publicitaria- por el producto que se lanza a la venta. Engaño que es moneda corriente en el oficio del publicitario.

En casos como éste, ¿qué grado de libertad hay en tales decisiones? Y, por consiguiente, ¿qué grado de responsabilidad moral? Piénsese en la ambigüedad de la campaña en favor del uso de preservativos, como un ejemplo entre otros.

Muchas veces ese continuo falseamiento en el mecanismo de las decisiones personales lleva a tomar decisiones que son, en realidad, reacciones de tipo sensible; y aun así la persona cree estar obrando racional y lógicamente. El ámbito de la libertad personal es, con frecuencia, más estrecho de lo que se piensa. No se fuerza a la persona físicamente, pero se le insinúa con procedimientos tan eficaces como desapercibidos.

Todo ello hace surgir los interrogantes sobre el valor ético de los mass media, y suscita reacciones encontradas. Y ello llama a la reflexión desde una perspectiva superior.

Para muchos ello es, simplemente, el precio que debemos pagar al aceptar vivir en la sociedad de producción.

Para otros, todavía no es posible percibir las dimensiones del fenómeno y calibrar adecuadamente sus efectos psicológicos, sociales, culturales. Lo que sí se advierte es la compleja transformación de la mentalidad del hombre y de la misma calidad de vida. Las nuevas tecnologías comunicativas, mientras aumentan la posibilidad de la información, pueden dar lugar a una especie de agresión capaz de condicionar el desarrollo cultural. Peligro no solo teórico sino real. No hay, por ende, que infravalorar el riesgo y los daños que estos mismos medios pueden traer a la sociedad.

Al parecer, afirman las estadísticas, en una sociedad como la norteamericana la radio, la TV, el cine y la web consumen 35 horas semanales del tiempo del hombre común, y la TV la mayoría de ellas. Lo mismo ocurre en la mayoría de los países occidentales. No es extraño constatar que, al momento de la graduación del colegio, un joven haya transcurrido más horas frente a los mass media que frente a los profesores en clase. Por eso atribuyen a esos niños lo que ocurre a los pichones de avestruz, que toman por su madre a lo primero que ven al abrir los ojos al mundo.

c. La polémica en torno a los mass media

Esta ambivalencia -como hemos dicho- ha provocado reacciones diversas y abiertamente opuestas.

Communio et Progressio, después de plantearse varios interrogantes en torno a las consecuencias culturales y morales del uso de los MCS, describe las distintas actitudes:

· algunos piensan que los MCS sólo *reflejan* las costumbres de nuestra sociedad;

· otros consideran que los mass media, además, *contribuyen* a su decadencia;

· y otros, en fin, atribuyen a los medios de comunicación social simplemente *toda la responsabilidad.*

Adelantemos que el documento concluye afirmando que, contra los vicios de la sociedad actual, no puede prescindirse del rol de los mass media, para cuyo recto uso se requiere el compromiso de todos los que se preocupan por el bien común.

Simplificando las posiciones, ya que los primeros ven en los MCS sólo un pasivo reflejo y los dos últimos una cierta causalidad y responsabilidad, podría decirse que las posiciones básicas en la polémica son:

· el optimismo y *la integración,*

· el pesimismo y *la contestación.*

McLuhan, Ayfre y los así llamados *optimistas* o *integrados*, constatando el hecho de la imprescindibilidad de los MCS, y sus amplias posibilidades para un uso constructivo, fueron más allá de los riesgos para acentuar sus ventajas.

Para ellos, parafraseando a Marshall Mc Luhan, en esta gran aldea o *villorrio global* en que los mass media han convertido al mundo (donde todos saben acerca de todos), el medio es ya (con su sola presencia y actuación) el mensaje, un mensaje positivo de mutuo acercamiento, siendo para cada uno como una prolongación del sistema nervioso que nos extiende en el tiempo y en el espacio.

Por su parte Marcuse, Huxley, Camus y la llamada *escuela de Frankfurt*, con todos los que se alinearon en esta posición, hicieron en cambio hincapié en los efectos negativos del abuso de los mass media, promoviendo algunos de ellos un rechazo prácticamente global de la sociedad tal como está estructurada.

Los MCS, específicamente, estarían llevando al hombre moderno a una confortable *no-libertad*, suprimiendo la individualidad y minando en él toda función crítica. Los mass media crean, por lo demás, necesidades falsas y *represivas.* Se impone pues una nueva *fuga mundi* hacia la libertad.

La nuestra es una posición en cierto modo intermedia. Los mass media traen al mundo, es verdad, toda una revolución psicológica y cultural. También lo hizo el invento del teléfono, o cualquiera de los inventos mencionados en la primera parte del trabajo. Si a la larga ella será beneficiosa o negativa, está todavía bajo discusión. Pero es indudable que ellos ejercerán un efecto siempre integrador en la entera sociedad.

Luego de analizar, en los capítulos siguientes, el aporte positivo y los efectos negativos del abuso de los mass media, estaremos en condiciones de intentar una más completa formulación del problema, hacia una superación de la polémica en la línea de un empeño activo, a la vez constructivo y crítico, en el uso de los MCS.

Hay peligros, sin duda, y sólo si los enfrentamos podemos esperar reducirlos y superarlos.

Esta es la posición que toman, por su parte, los últimos pronunciamientos eclesiásticos, tales como la fundamental Instrucción *Communio et Progressio* y los de los episcopados de numerosos países, y es el tono habitual de las diversas intervenciones del Consejo Pontificio para las Comunicaciones Sociales.

2. EL APORTE POSITIVO DE LOS MCS

Un recto empleo de los MCS tiende a hacer a las personas más conscientes de sí mismas, de su proyección social, de los problemas comunes, de los peligros y dificultades por evitar y superar. El horizonte personal se ensancha. Las distancias entre las culturas y las naciones se obvian. Se hace más fácil hacerse contemporáneos y vecinos de todos los hombres, aprendiendo a entenderlos mejor, a simpatizar con los demás y, en caso de necesidad, a ser efectivamente solidario.

Malgrado las polémicas en torno al tema, las nuevas técnicas comunicativas representan verdaderas ocasiones de enriquecimiento tanto para la vida interior como para la vida de relación.

Así como la agilización de los medios de transporte significa una prodigiosa facilidad para la mutua aproximación, de manera que hoy en día pocas horas solamente separan puntos que antes requerían días de viaje fatigoso, así a la facilidad de los desplazamientos se agrega -y a veces los reemplaza- la comodidad de poder informarse y tratar asuntos a distancia de manera completa y simultánea (y ello al punto que hay quien propone suprimir las embajadas y remplazarlas con un simple fax...).

Y así como a nadie, en su buen juicio, se le ocurre renegar de los transportes por la cantidad de accidentes, sino sólo de su relativo abuso, de la misma manera debe ser orientado el criterio para juzgar a los MCS, exigiendo de sus agentes competencia y conciencia profesional.

Podemos, a continuación, enumerar algunas de sus posibilidades en el ámbito de la información, en la educación, en la difusión del arte, así como en el servicio que prestan a la persona humana en su dimensión religiosa y aun en los momentos libres que ella dedica al ocio reparador.

a. En la información y la publicidad

Con su moderno grado de perfeccionamiento, los mass media se presentan como efectivos factores de acercamiento. Gracias a ellos las noticias de cualquier acontecimiento cumplen en un momento la vuelta al mundo, y consienten a los hombres el participar activamente en la vida y en los eventos del mundo de hoy.

Como lo atestigua la experiencia general y cotidiana, los mass media enriquecen a un vasto público reportándolo, con el uso del sonido y de la viva imagen, a las realidades lejanas y aun a tiempos remotos.

Lo afirma *Communio et Progressio*, cuando se refiere a una circunstancia que favorece el diálogo y la cooperación internacional. A la vez que se está reconociendo la validez universal de ciertos contenidos, en la actualidad existe una red de comunicaciones extendida por todo el mundo, favoreciendo el intercambio entre diferentes países.[17] Es la grata experiencia de tantas personas cuando por las trasmisiones por TV, vía satélite, pueden participar de grandes acontecimientos religiosos, deportivos, de política internacional, así como de las ya frecuentes co-producciones cinematográficas o literarias.

Aun la publicidad permite apreciar aportes positivos, como parte de la generosa información que se brinda a las personas. Información, en este caso, acerca de los numerosos objetos que se ofrecen a la consideración de todos. E información sin duda necesaria para la adquisición del producto adecuado, y que variará según los objetos y según los candidatos.

Con su misma existencia, la publicidad permite la existencia y difusión, y accesibilidad para el gran público, de medios culturales tan importantes como son los mismos MCS.

Por otra parte, la publicidad es sinónimo de libertad y competencia, en la industria que pugna por producir más y vender mejor, allí donde puede hacerlo.

Por ello puede concluirse que, a pesar de sus riesgos y defectos actuales, la publicidad es un hecho y una necesidad, en cuanto puede hacer conocer la existencia y virtudes de lo que las personas necesitan para vivir.

b. En la educación

En cuanto agentes educativos, si se quiere paralelos, los MCS van teniendo cada día mayor incidencia en el proceso educativo de la sociedad.

A su favor habla el principio pedagógico de la repetición, de vigencia permanente. Como al mismo tiempo se avanza en la ciencia y en técnicas apropiadas, el sistema educativo de los MCS se perfecciona. Los mensajes se presentan de manera más atractiva y según mecanismos que los hacen más fácilmente asimilables.

Por ello es innegable que es amplio el espectro de posibilidades que tales recursos pueden ofrecer a la tarea educativa, hacia un desarrollo integral de las personas.

Dejando para más adelante el rol educativo de la familia, respecto del recto empleo de los MCS por parte de jóvenes y niños y de su formación como perceptores críticos, conviene tratar aquí del *uso educativo* de los MCS. Se trata de los mass media y de su relación con la escuela, relación que puede entenderse en tres sentidos, que son tres necesidades insoslayables: llevar los MCS a la escuela, llevar la escuela a los MCS, y educar en la escuela sobre los mass media. Es decir:

- *los mass media en* la escuela,
- *la escuela en* los mass media,
- y *educación* en la escuela *sobre los MCS.*

En cuanto al *uso en la escuela de los MCS*, éstos ya no pueden ser considerados como realidad aparte y prescindible, dadas su incidencia en las relaciones humanas y las relativas transformaciones provocadas en los mecanismos individuales de percepción y razonamiento. Es un hecho que el universo de los MCS, tanto por su presentación sensible y cuidada, como por el atractivo de sus contenidos, se coloca en ventaja fácil con relación al esfuerzo exigido por la asimilación sistemática.

En efecto, si se complementa el *impacto* que producen con la *reflexión* sobre lo visto y oído, pueden concurrir a la difusión de la cultura ofreciendo una ocasión inmejorable para la formación completa del individuo.

En este mismo sentido podrían cumplir una interesante labor de comunicación entre la escuela y el medio social en que ésta se inserta, con sus riquezas culturales, étnicas, geográficas, etc.

En un segundo aspecto, el de *la educación a través de los MCS*, ya decía Pío

XII que la televisión escolar, como la radio y el film didáctico, ofrecen a la enseñanza posibilidades nuevas e inesperadas, para jóvenes y adultos. Por eso deseaba que se utilicen para completar la formación cultural y profesional y sobre todo la formación cristiana, base fundamental de todo progreso auténtico.[18]

Este deseo es felizmente un hecho especialmente con la web, la radio y la TV, quedando para la prensa y el cine una función de tipo complementario. Pero su valor es, de algún modo, relativo, ya que parecería más eficaz en un nivel de instrucción específica sobre temas determinados, para una audiencia que realmente lo necesita: por ejemplo, educación acerca de la salud, cuestiones viales, mecánica, oficios, etc.

El papel de los MCS será prolongar la escuela, con las modalidades propias de cada medio, con la profundidad y extensión que sean posibles alcanzar. Es decir, en primer lugar, que la contribución prestada para combatir el analfabetismo y todo tipo de ignorancia no tiene sentido concebida como una simple superación técnica aislada. Debe partir de una concepción del hombre que lo abarque en todas sus dimensiones.

Y luego, para que los MCS cumplan con su función de comunicación y alienten el progreso social, es necesario que ellos sean puestos efectivamente al alcance de todos, como lo pide la libertad de comunicación.

En síntesis, ellos han de operar desde el interior de las comunidades y con responsabilidad compartida, para favorecer el desarrollo integral de cada una de las personas que la integran.

Por último, hablando de *educación acerca de los MCS*, una educación verdadera, actualizada, debe enseñar a interpretar el mundo de la información y el de la imagen, ya que la mayor parte del día la persona actúa y se relaciona en medio de él.

Un encuentro científico dedicado a este problema ha trazado las orientaciones fundamentales de un proyecto educativo que responda a este signo de los tiempos. Para ello se ha tenido en cuenta, precisamente, una información de gran extensión y nivel acerca de la influencia que ejerce sobre el trabajo, la cultura, y la vida social en sus múltiples aspectos, el empleo de las tecnologías desarrolladas en los últimos cuarenta años.

Entre las sugerencias prácticas de dicho encuentro, se propuso la iniciación de los jóvenes a las múltiples aplicaciones y posibilidades de la informática, más allá del aspecto lúdico (nivel que bien puede servirles de introducción), y de sus limitaciones en el cuadro de una formación humanística y filosófica.[19]

El Magisterio de la Iglesia, continuando una larga tradición, exhorta a utilizarlos con competencia también en la educación religiosa, y a ayudar a los que ya operan en los mass media a lograr una formación asimismo teológica, y a hacerlo de una manera eficaz y organizada.[20]

c. En la difusión del arte

La belleza es otro aspecto del ser, es el ser captado por el sentimiento estético, así como ese ser es un bien para la voluntad y un bien moral para la libertad.

Y ese sentimiento o sensibilidad frente a lo bello es permanentemente solicitado por los mass media. Es razonable esperar de ellos también arte y cultivo de la belleza. Los MCS se sitúan en un terreno donde, por una parte, hay lugar para la creación artística, y, por otra parte, todo en ellos se reduce a un oficio técnico. Tratándose de personas, la técnica ha de estar abierta a la belleza y al servicio de la bondad moral.

Es verdad que en todo arte subyace una técnica. Pero en el caso de los mass media las obras producidas por los artífices son concebidas como inseparables de los instrumentos: cámara y pantalla, micrófono y parlante. Aunque en sí mismas no dejan de ser dos realidades separables: la creación artística y su vehiculización a través de los medios técnicos. La obra de arte establece una comunicación en la que el mensaje es un fenómeno que se desarrolla a medida que actúa la corriente de la comunicación. Un fenómeno que transforma el acto de comunicar en una suerte de re-creación continua.

Un aspecto en este tema que llama más inmediatamente la atención es el hecho de que, como medios de difusión que son, los MCS ponen al alcance de muchos las obras de arte que antes eran privilegio de unos pocos.

Es claro que lo que se recibe ya no es la obra de arte original, ni su visión directa, sino una imagen. De nuevo, entre la obra y el público hay una elaboración. Por eso hay quienes se preguntan hasta qué punto esa etapa intermedia afecta a la obra original. Y hasta qué punto está uno apreciando verdaderamente la obra de arte. Para responder hay que distinguir entre obras que son captadas a través de los mass media sin ninguna transformación, y las que piden alguna suerte de adaptación al medio.

Es decir, muchas veces lo que llega al público de las obras de arte es una imagen plana que podría sugerir otras dimensiones, pero que, por exigencias del medio, recibe una iluminación totalmente artificial. El público, sin embargo, contempla la obra tal como salió de las manos del autor.

En el segundo caso se produce una suerte de adaptación, y el original resulta afectado en la medida en que ella guarde o no las características originales queridas por aquél. Es el caso, por ejemplo, de las transmisiones por TV de obras de teatro, en las que el ojo selectivo de las cámaras escoge un detalle, un ángulo, un gesto aislado en un primer plano.

Pues bien, aquí la selección queda a criterio del intermediario entre el artista y el espectador. Y tal vez aquél prescinda del conjunto dentro del cual la obra fue concebida. Sólo cuando el adaptador, o intérprete -como el traductor entre dos lenguas- posee el dominio suficiente de ambos medios de expresión puede producir una obra de valor semejante a la que le sirvió de inspiración. Pero será, de alguna manera, una obra nueva -suya- y como tal deberá ser tomada y juzgada y disfrutada por el perceptor.[21]

Desde el punto de vista moral, es importante recordar ante todo que las artes han de elevar la mente y el corazón hacia nobles sentimientos, sin olvidar la resonancia moral del *modo* como se realiza la difusión de las obras de arte (calidad, fidelidad al original, etc.). En otras palabras, el periodista, como el artista, ha de *hacer* bien la obra pero *haciendo bien* al que va a recibirla y disfrutarla.

Se puede aplicar a los profesionales de los MCS lo que decía Pablo VI a los escritores y artistas: cuando realzan en la condición humana una nota de bondad, un nuevo resplandor de belleza invade su creación.[22]

d. En la promoción de la religión

Cuando decimos que la comunicación tiene por fines el progreso de la sociedad y la comunión entre las personas, no entendemos, por cierto, el progreso en un sentido meramente *desarrollista*, orientado principalmente a aumentar los ingresos y mejorar la mecanización de la vida.

Por eso afirmamos que la persona humana crece y resulta beneficiada cuando se da una mejor comprensión de su papel como emisor de la comunicación o receptor de la misma. Mejor aún, como agente comunicador y como perceptor inteligente.

La persona, en efecto, merece y tiende a un progreso sin mutilaciones, incluyendo una dimensión interior. Dimensión que corresponde a la profundidad humana de la persona dotada de espíritu, capaz de reflexionar, de amar y de relacionarse con su Creador.

Por eso es preciso apreciar el valor de esta presencia de la religión en la práctica diaria de los mass media. Gracias a los MCS surgen nuevas formas de contacto con lo religioso, a través de la imagen y la palabra.

Por otra parte siempre, y hoy más que nunca, es preciso insistir en una valoración adecuada de cualquier evento religioso por parte de los agentes de la comunicación. Para ello deberán contar, como se dirá más adelante, con la colaboración permanente de los que puedan ofrecer su competencia en este campo para un mejor servicio al público. Con ello se evitará que el vacío dejado por los comunicadores auténticos de lo religioso lo llenen de hecho caricaturas y pseudo-religiones que tienen fines menos trascendentes.

e. En el ocio

En la actualidad, gracias a la comunicación social, las más nobles expresiones del arte pueden ofrecer a un número siempre creciente de personas una recreación espiritual. Recreación ciertamente necesaria dado el ritmo de la vida moderna que pide tiempo libre, libre de preocupaciones por la subsistencia, tiempo impregnado de un carácter de gratuidad, de distensión, de apertura al humor y al alegre entretenimiento.

Pues bien, huelga subrayar la función que cumplen los mass media en ese sentido, con tal afluencia de programas y recursos diversos con los que niños y adultos pueden matizar las tareas que impone la vida con los no menos necesarios momentos de descanso y esparcimiento.

Ya lo decía, de alguna manera, Pío XII,[23] al señalar otro sector en el cual las técnicas audiovisivas pueden servir al bien de la sociedad: el del espectáculo, donde se conjugan una presentación en figuras y sonidos y una trama que se dirige no solamente a la inteligencia sino a todo el hombre, subyugando sus facultades emotivas.

3. LOS ABUSOS EN EL USO DE LOS MCS

La otra cara de esta prometedora realidad que son los MCS la ofrece el uso negativo que de ellos puede hacerse, y de hecho se hace, por razones, en modos y con efectos diversos.

En su momento se lamentaba S. Juan XXIII, siguiendo a su predecesor León XIII, de la mentira en las audiciones radiofónicas y las funciones de cine y televisión las cuales no raras veces sirven de incentivo a las malas costumbres, al error y a una vida viciosa.[24]

Por su parte S. Juan Pablo II expresaba que contra esas asechanzas modernas debemos defender el buen uso de los medios de comunicación, lo que significa ayudar al hombre a liberarse del aislamiento y de la violación de su dignidad.[25]

Por ello será interesante y oportuno investigar, antes de entrar en el análisis de las consecuencias que puede acarrear para el público el abuso de los MCS, los principales *pecados* de los manipuladores de los mass media.

Pecados de los que será víctima el desprevenido receptor, al que se *inunda* con informaciones, una vez invadido se lo *manipula*, y se mantiene la situación por medio del *monopolio*.

a. La violación de la intimidad

El aluvión de noticias en el que consiste a menudo la información, en forma y cantidad ilimitada y con rapidez vertiginosa, hacen que no siempre sea posible para el receptor ser un perceptor crítico, lúcido y tranquilo.

Al derecho de estar informado y al oficio de informar se contrapone el derecho de las personas a su intimidad y la limitación moral consiguiente. Esta limitación debe tomar a veces la forma de una defensa de la *vida privada* contra la morbosa curiosidad ajena. Curiosidad animada de avidez de dinero y que se traduce en una implacable persecución de idas y venidas, amores y escándalos, negocios y corrupción de todas las personas que pueden dar lugar a una historia sensacional.

Para muchos agentes de los MCS el mismo concepto de vida privada ha desaparecido, en cuanto ellos ya no se *privan* de divulgarla. Y la fama de las personas no les merece ningún respeto.

Tales comunicadores suelen justificarse alegando que *el público tiene derecho a saber*. En más de un caso ellos han llevado a situaciones límites a personas cuya posición -o tal vez más aún que eso- dependía de algún secreto.

Por otra parte, esta *estrategia* periodística suele implicar otros abusos por el procedimiento empleado para obtener informaciones: el soborno, la utilización malévola de las comunicaciones escritas u orales, el registro de domicilios, el control de teléfonos, los sistemas secretos de escucha, la divulgación de datos conocidos bajo secreto profesional, teleobjetivos, etc.

Todo ello trae aparejado un enorme daño social, no sólo por el empleo de métodos como los citados, que por lo frecuentes son tomados al final como aceptables, sino asimismo por la difusión de aquellos escándalos que constituyen la meta de la búsqueda periodística. Escándalos que se publicitan sin ninguna clase de criterio para un discernimiento y juicio moral por parte del público. Antes bien, muchas veces ellos son presentados como las envidiables hazañas de un nuevo ídolo.

Aunque -dicho sea para guardar el balance- es también verdad que muchas veces los culpables son los lectores, oyentes y espectadores, que apoyan y fomentan el comercio de la noticia y de la imagen morbosa.

Por eso, de la misma manera que no está permitido introducir en el mercado alimentos que pueden perjudicar la salud física del pueblo, no deberían permitirse alimentos nocivos para la salud moral.

La invasión de la privacidad es, sin duda, uno de los más serios problemas de nuestra sociedad. Pero hay una amenaza aun mayor, la de la invasión electrónica del subconsciente humano. Sería un gran error ignorar lo que la publicidad hace a la libertad, a los gustos, a la conducta y moralidad de la persona humana.

Señala oportunamente la Iglesia que Internet también plantea cuestiones éticas concernientes a asuntos como la privacidad, la seguridad y confidencialidad de los datos, el derecho y la ley de propiedad intelectual, la pornografía, los sitios cargados de odio, la propagación de rumores y difamaciones disfrazados de noticias, y muchos más".[26]

b. La manipulación

En la comunicación, es decir en esta relación de mutua confianza y enriquecimiento cultural, todo aquello que injustamente va en desmedro de la libertad de los participantes puede ser llamado *manipulación*.

Más precisamente, la manipulación es aquella particular forma de violencia psíquica -inconsciente en quien la padece, intencional en quien la produce- mediante la cual se quiere constreñir a la persona humana a aceptar fines, ideales, modelos de comportamiento, etc., entorpeciendo su capacidad de juicio y sugestionando sutilmente la libertad.

Este injustificable atentado contra la libertad personal puede tomar diversas formas, y tender a inculcar diferentes contenidos.

El abuso en la publicidad comercial

Dado el sistema en vigor, que consiste en publicitar por los mass media lo que muchas veces es sobre-producción que necesita urgente mercado, se sigue, como una consecuencia casi inevitable, el recurso excesivo a los MCS.

Excesivo en cuanto al predominio de lo comercial en las emisiones. Y excesivo en cuanto a la limitación en la libertad de decisión de un público orientado a la adquisición de objetos muchas veces innecesarios y aun al despilfarro.

La publicidad comercial es el terreno privilegiado de los persuasores ocultos. La psicología de masas ofrece hoy innumerables recursos para la producción de hábiles manipuladores en este campo.

Los mass media no sólo pueden seducir y convertir a las personas en clientes de lo innecesario y aun inútil, sino que -lo cual es aún más grave- van conformando la mentalidad toda del consumidor, creando en él falsas necesidades y expectativas, y distorsionando en la mentalidad de las personas la recta *escala de valores*.

Más aun, el sistema actual de publicidad, y los métodos manipulativos que se emplean, sugieren que la persona *es* lo que compra. De hecho, expuesta como está a la incesante publicidad, la persona corre el riesgo de llegar al extremo de medirlo todo en un modo cuantitativo, con el mismo criterio -contagioso- con que se valoran y proponen las mercaderías promocionadas por los mass media.

De acuerdo a los valores exaltados por ella permanentemente (juventud, romance y atracción sexual, prestigio, opulencia y poder), este riesgo crea una situación especialmente delicada en la edad de la formación del carácter y de la adquisición de hábitos para toda la vida.

Para cuántos niños importa más el ídolo de la pantalla que los personajes bíblicos. Y para cuántos están más presentes que ningún otro los *mandamientos publicitarios: desear, comprar, consumir...*

La exaltación del sexo

Hay al menos diez maneras por las cuales los mass media manipulan al público, todas ellas orientadas a la satisfacción de los humanos deseos, sin represión de ninguna clase.

Estos deseos, en el mundo de la publicidad, son el sexo, el status, el aplauso y la propia seguridad.

Los mass media, aprovechando tanto de su inmensa eficacia sugestiva como de la confusión que reina en el campo sexual, tienen la enorme posibilidad de plasmar y maniobrar, es decir de *manipular*, el comportamiento sexual.

El uso frecuente de la imaginería sexual para mantener vivo el interés de los eventuales clientes sugiere, más o menos explícitamente, que el deseo sexual es el valor humano predominante y el criterio decisivo, no sólo para ir de compras sino también para la vida entera.

La explotación de las pasiones, los sentimientos, la violencia y el sexo, con fines consumistas, constituyen una flagrante violación de los derechos individuales, con poco respeto a la persona y principalmente a la familia.

Un documento del Pontificio Consejo para las Comunicaciones Sociales analiza cuidadosamente los efectos y las causas del doble problema. Se define la *pornografía* como la violación, merced al uso de las técnicas audiovisuales, del derecho a la privacidad del cuerpo humano. Violación que reduce la persona humana y su cuerpo a un objeto anónimo destinado a una mala utilización con la intención de obtener una gratificación concupiscente.

Entre los dichos efectos subrayemos, además de la depreciación de la sexualidad, la perversión de las relaciones humanas, la explotación de los individuos, especialmente mujeres y niños, la corrosión y destrucción de la vida familiar, la promoción de actitudes antisociales y, especialmente, el mal moral, el pecado.

Con el mismo documento podemos citar, entre las causas de la pornografía y en el marco del permisivismo y hedonismo de una sociedad espiritualmente vacía, la búsqueda de beneficios económicos, la propaganda liberal, la ausencia de leyes que protejan el bien común y la decencia pública, y la apatía y confusión de quienes, pudiendo y debiendo hacerlo, no intervienen para una efectiva solución del problema.[27]

Violencia e ideologías

Otra de las amenazas que provienen a menudo de los MCS, contra un sano y equilibrado desarrollo de las personas, es la exposición excesiva a escenas de violencia, con la sugerencia implícita de que la solución normal de los conflictos humanos es la violencia y aun la crueldad.

¿Qué es la violencia? Es la presentación destinada a excitar instintos humanos fundamentales hacia actos contrarios a la dignidad de la persona, que describe una fuerza física intensa ejercida de manera profundamente ofensiva y a menudo pasional.

Violencia que es con frecuencia sadismo y por lo tanto inmoral, lejos de aquel despliegue de coraje y nobleza de los héroes que defienden a los débiles con los recursos más al alcance de la mano. Porque cuando se reprueba en el documento la violencia sádica en estos medios, que puede condicionar a las personas impresionables, sobre todo a los jóvenes, hasta el punto de considerarla normal, aceptable y digna de ser imitada, no creemos que se esté hablando de los *westerns* al estilo John Wayne. En aquellos films hasta los más chicos pueden distinguir quiénes son los buenos y quiénes los malos. Y salen del cine -o apagan el video- con un muy pedagógico entusiasmo por el triunfo del bien sobre la injusticia y el crimen.

Otro género de manipulación -que aquí sólo señalamos- es la que pueden sufrir los mismos periodistas por parte de los poderes políticos, las ideologías, los grupos de influencia, o las empresas comerciales y agencias creadoras de rating, etc.

En fin, consideramos como otra forma de manipulación el moderno fenómeno del *televangelismo* de la *Iglesia Electrónica* al estilo norteamericano. Se trata del abuso de la candidez, ignorancia y credulidad de mucha gente por parte de falsos pastores de gran impacto psicológico. Destaquemos, entre sus características, el síndrome del exitismo, un dualismo de tipo maniqueo, y el recurso a una suerte de lotería celestial basada en el dar al predicador -apostando al milagro- para recibir mucho más de un Dios mágico y superficial:

- *¡Haga su ofrenda de ...1.000 dólares, y Jesús lo va a curar..!*

Y son muchos los que *apuestan*.

La mentira

Entre un evento y el receptor, conviene recordar aquí, la noticia recorre un intrincado camino: el primer paso es el suceso mismo; el segundo es el reportero, que lleva la noticia a la agencia informativa o al medio mismo, de donde llegará al público.

Esto quiere decir que, entre el hecho y el público, hay frecuentemente dos o tres filtros que seleccionan lo más interesante, o lo más acorde con sus intereses o ideología, lo comentan, lo re-interpretan, tal vez lo mutilan o caricaturizan, tal vez lo ilustran y exaltan.

Impedir un debate o la respuesta pública, deformar la verdad, difundirla a medias o mutilar una información importante, son formas de atentados contra la libertad de decisión de las personas.

Dado el actual nivel técnico de los MCS, éstos permiten hoy engañar con una trasmisión de informaciones, sonidos o imágenes verdaderos (recursos fotográficos, sonoros, de cambios de fechas, etc.). A veces la mentira no está en el hecho, sino en la importancia que se le atribuye.

Una mentira puede utilizar varios signos (palabras, imágenes, personajes, objetos, fenómenos, acciones y documentos falsos).

Una mentira acerca de un objeto dado puede poner en práctica varias operaciones. Una empresa determinada puede exigir varias mentiras; y las hay que toman tiempo, a veces años.

En cuanto a los procedimientos de la mentira, son básicamente tres: la supresión, la adición y la deformación.

- Supresión en la información, por omisión o negación, o supresión de objetos por ocultamiento o destrucción.
- Adición de objetos, cualidades, testimonios, peligros o fenómenos inexistentes.
- Deformaciones cuantitativas -exagerando o minimizando- o cualitativas, sea:
  - sobre las fuentes, disimulando, subliminando, desviando la atención, contradiciendo, recurriendo a lo sensible y afectivo;
  - sobre los motivos de las acciones, el valor de los objetos y acciones, la fama de las personas.

Muchas veces la desinformación intencional mueve a considerar los eventos bajo un aspecto determinado, o a persuadirlo de la existencia de hechos falsamente relatados.

En términos éticos, habrá que distinguir la diversa gravedad de tales mentiras, la *responsabilidad* e influencia de sus agentes, la intención que las anima y demás *circunstancias.*

En principio, si es deber humano y cristiano el decir la verdad, como lo es la guarda de los secretos confiados, mayor será la responsabilidad que lleva consigo el deber profesional, por razón de justicia. La mentira a través de los MCS causa, en efecto, innumerables e irreparables perjuicios a la sociedad y a sus miembros indefensos, lo cual aumenta más aun su gravedad.

La fidelidad a la verdad exige también recuperar el valor humano del cumplimiento de la palabra dada. Palabra que compromete a la misma persona que la da, de manera que quien haya perjudicado al prójimo en su fama tiene el deber de reparar, en cuanto sea posible, el daño causado.

Entre aquellas circunstancias por considerar, a los efectos de un juicio moral, podrían estar, por ejemplo, situaciones de guerra o de invasión, en las que es común el ardid estratégico de simular poseer más recursos o de esconder los que se tienen.

Pues bien, aun en casos como éste hay límites. No habría justificación moral posible para el eventual recurso a una cruz roja o a una bandera blanca para hacer más efectivo un ataque.

Sería interesante extender aquí el estudio comparativo de la mentira en la guerra armada y la mentira en la *guerra publicitaria*; guerra en la que la civilización de consumo envuelve cotidianamente al hombre y a la mujer de hoy, manteniéndolos en un nivel infrarracional, emotivo e instintivo. Y esto - señalemos la clamorosa incoherencia- malgrado el afán racionalista de muchas universidades modernas.

c.   La monopolización

Es un hecho comprobado el concentrado poder de las empresas de comunicación, un poder comparable al de los gobiernos, e incluso mayor todavía, con respecto al establecimiento de los modelos sociales y a la orientación de las actitudes públicas y del comportamiento. Esto se debe a la importancia de los recursos financieros que están en juego, a los vínculos entre la industria de la fabricación y la de la información, así como a la concentración de la distribución.[28]

De hecho el influjo de los configuradores de dicha opinión es, en muchos casos, mayor que el poder de los parlamentos y, desgraciadamente, con frecuencia destructivo e irresponsable.

La exhortación de S. Juan Pablo II dirigida a los laicos los urge, dentro del marco de una acción positiva en defensa de la verdad y la libertad, al rechazo firme y valiente de toda forma de monopolización y manipulación.[29]

4. ¿QUIÉN CONTROLA A LOS MCS?

Un análisis ético de la realidad técnica y social de los MCS, no quedaría completo sin alguna referencia a la función moralizadora de la autoridad social, por un lado, y de los Códigos éticos o *deontológicos* por el otro.

El Estado, garante del bien común, y los mismos profesionales interesados en el mejor desempeño de su tarea concurren, de hecho, en el empeño por hacer de esta profesión un servicio digno de las personas que lo realizan y disfrutan.

A ambos enfoques lo seguirá un caso típico y actual de conflicto entre los intereses del oficio y el orden moral objetivo.

a. La función del Estado

La función del Estado en relación con los MCS, como armonizador de las iniciativas privadas dentro del respeto y la positiva búsqueda del bien común, no ha de ser entendida -en principio- tanto como represión o freno, sino más bien de promoción de la comunicación social, alentando toda expresión constructiva.

De acuerdo con el principio de subsidiariedad, el poder público no debe emprender las iniciativas que los individuos y los grupos intermedios pueden poner en marcha. Lo que corresponde normalmente al Estado es producir una legislación en favor de una auténtica y extendida libertad de comunicación, velando para que ésta no sea, de hecho, privilegio exclusivo y monopolio de los que cuentan con los mayores recursos económicos. Una legislación, asimismo, que garantice el derecho a la crítica, así como la obra formativa de la familia y la escuela, y la obra cultural de los mass media.

En ese nivel, corresponderá al Estado preservar los valores culturales, de la manera más respetuosa de la libertad que sea posible. Se insiste, y con razón, en que la censura debe ser usada sólo en casos extremos. Pero no puede dejarse a la juventud y a la niñez desprotegida. Los más jóvenes necesitan protección contra toda influencia destructora de la moralidad. Así lo pide repetidamente la Iglesia, insistiendo en que particulares deberes en esta materia incumben a la autoridad civil, en vista el bien común, el cual exige que un reglamento jurídico de los instrumentos de la comunicación social proteja la moralidad pública, en particular el mundo juvenil.[30]

Precisamente, una de las causas de la proliferación de la pornografía y de la violencia en los MCS se encuentra en la ausencia de leyes, o en su noaplicación, para la protección del bien común, en particular de la moralidad de los jóvenes. Por eso se han de promulgar leyes sanas, se han de clarificar las ambiguas y se han de reforzar las leyes que ya existen.[31]

Esa vigilancia del Estado no puede ser considerada opresiva de la libertad. El hecho de que los profesionales se auto-controlen, mediante los códigos a que aludiremos en seguida, no suprime el deber del Estado de salvaguardar el bien común.

Lo mejor, también aquí, es la mutua colaboración, como lo llevan a cabo numerosas comisiones representativas de grupos calificados.

Por último, también es misión del gobierno nacional establecer acuerdos internacionales para el uso de los recursos de nivel mundial (por ejemplo los satélites), para la mutua difusión y el aprovechamiento de los adelantos científicos en los diversos países, especialmente en favor de los menos desarrollados, así como para garantizar los valores reconocidos universalmente.

b.   La deontología profesional

Por su parte, los MCS suelen ser álgidamente sensibles a toda regulación de sus derechos y deberes por ley del Estado. Una ley de prensa suscita la inmediata sospecha de arbitrariedad por parte del partido dominante y de su temida censura.

Sin embargo, la mayor parte de los profesionales son conscientes de que la libertad de medios tan influyentes tiene que estar enmarcada por una ley que proteja el buen nombre y ejercicio de la profesión. Lo cual viene a demostrar que la mayoría de los profesionales de la comunicación son dignos de tal nombre.

Tal vez es por las excepciones que los mismos profesionales se someten a una suerte de autocensura, mediante la aceptación de un código de honor profesional.

Por lo general su contenido abarca capítulos referidos a las relaciones del profesional de la comunicación con su comunidad, con las fuentes, con sus colegas o gremio, con la autoridad pública, y las consiguientes responsabilidades.

Los códigos suelen proteger

- a los consumidores,
- a los comunicadores,
- a los responsables de las ediciones,

• a los anunciantes,

definiendo las respectivas responsabilidades.

c. Un caso de publicidad y moral

Un caso interesante, dentro del tema de nuestro estudio, lo planteó la publicidad de preservativos. La epidemia de sida y el temor que ella provoca ha dado ocasión, en efecto, para una campaña publicitaria mundial sin precedentes, no sólo del objeto de látex sino, a la par, de un ejercicio del sexo pretendidamente *sin riesgo y sin muerte*. Propaganda ésta que ha provocado intervenciones públicas de la jerarquía eclesiástica, en pronunciamientos que han dado lugar a otra suerte de campaña, siempre a través de los MCS, de rechazo y desprestigio de la voz de la Iglesia en materia moral.

La pregunta es, pues, ¿es ética tal publicidad de los preservativos y del aparentemente *safe sex..*?

El tema es complejo. Y la respuesta supone elementos diversos, socio-lógicos, científicos, éticos y teológicos:

• en primer lugar, ¿es el público apto para discernir?, ¿es homogéneamente maduro? ¿No es la publicidad de los preservativos una efectiva e inevitable incitación a la banalización del sexo y al libertinaje sexual?... El hecho es que mientras se sigue buscando un antídoto eficaz contra el virus, algunos gobiernos intentan el reparto de preservativos (también entre nosotros), y de agujas nuevas (en Suiza); y la propaganda en favor del preservativo ha logrado difundirlos de tal modo que, si antes daba vergüenza a los jóvenes ir a comprarlos, hoy ocurre todo lo contrario.

• Desde el punto de vista de la *medicina:* ¿es eficaz? Se ha comprobado que, debido sea a su porosidad, junturas, defectos de fabricación, etc., el artificio no es totalmente efectivo ni contra la concepción, ni contra el sida (el virus del *sida* es cien veces menor que el espermatozoide), ni contra enfermedades venéreas. Y menos aún en relaciones homosexuales, más epidérmicamente vulnerables todavía.

Es sabido que el sida se contrae sea con transfusiones, sea con agujas contaminadas (drogadictos), y en relaciones sexuales, particularmente de homosexuales. Por eso para la *prevención* del *sida* lo mejor sigue siendo, en primer término, la seguridad en las transfusiones; luego la *abstención* respecto de jeringas para drogas y de relaciones extramatrimoniales.

• En cuanto a la *moral,* aclaremos ante todo que se trata no tanto de moral católica, sino de moral a secas, ya que no es una cuestión que concierna solamente a los católicos. Se trata de exigencias de la naturaleza, al alcance de quien quiera reconocerlas honestamente. Exigencias, por ejemplo, en relación al *nomadismo* sexual. La sexualidad no se realiza de manera verdaderamente humana si no es parte integrante del amor en el cual el hombre y la mujer se comprometen el uno con el otro, entera y definitivamente.

En conclusión, la publicidad de los preservativos, como tal, no es buena. Contra el sida la respuesta es la sexualidad matrimonial y la lucha contra el virus. Ante la pregunta: ¿qué se hace con los enfermos que seguirán con sus hábitos viciosos?, habrá que admitir que, objetivamente, es siempre menos malo un pecado (la fornicación) que dos (la fornicación que incluye la transmisión de la muerte). Pero hay que advertir que, a la larga, no es solución. Como no soluciona su problema el darle al drogadicto una jeringa desinfectada...

Con igual lógica, no sería solución promover un *alcoholismo-sin-riesgo* con la idea de evitar accidentes de tránsito debidos a la ebriedad. De hecho, la campaña publicitaria y el reparto de preservativos apuntan a ayudar a *algunos* (los que los reciben), por *un tiempo*, dejando a los más luego con el mismo problema. Decimos *apunta a, intenta, querría...* Lo inefectivo del medio -*a la corta*- lleva a dudar de la utilidad de una campaña semejante.

Desde el punto de vista de la moral cristiana, tanto el uso de la droga, como las relaciones sexuales extramatrimoniales, como el uso de medios anticonceptivos artificiales -el preservativo entre ellos- son desórdenes graves que ofenden a Dios y nos privan objetivamente de la realización como personas llamadas a la santidad. *Promoverlo* de cualquier modo también es imputable.

• En fin, esto implica también cuestiones de *pastoral*: ¿cómo publicitar esa doctrina?; ¿cómo mostrar aquí el amor al pecador y el odio al pecado sin dar pie a hostiles reacciones mediáticas?...

5. HACIA UN BALANCEADO JUICIO MORAL

De esta manera, con miras a la superación de la polémica en torno al uso y a los frutos de los mass media, hemos analizado algunos de sus aportes positivos y algunas de las tragedias de que los MCS son ocasión.

Pues bien, por más que estas últimas son reales y numerosas, ellas son parte del mundo en que nos toca actuar y servir. Y el pesimismo no es la actitud más eficaz. Por el contrario, haciendo el mejor uso de las posibilidades que ofrecen al presente los mass media, y enfrentando los peligros de una manera discreta, no habrá más razón para el pesimismo que para el entusiasmo de vivir en esta época de desafíos a la fidelidad creativa.

Por ello querremos evitar tanto el pesimismo de los escandalizados como el optimismo de los superficiales, con el realismo de quien mira estos signos de la presente civilización como a recursos capaces de reorientarse en el marco de la moral objetiva.

Se trata de lograr, pues, integrar aspectos muy positivos y concurrir a la difusión de la cultura y el arte; se trata de canalizar y emplear a fondo sus recursos de atracción y fuerza tan especiales, complementando el impacto sensible con la reflexión, para contribuir con ellos al perfeccionamiento de la persona humana.

Se trata, pues, de retomar aquí también el señorío de la creación, para no ser esclavo de la técnica sino su dueño.

Se trata de redescubrir el valor y la dignidad de la persona y promover, en relación con los mass media, una nueva conciencia en quienes participan en la comunicación social.

Podemos pues concluir que, para colocar en su justo lugar a los MCS y valorar debidamente su empleo actual y posible, en función de la persona, hemos de considerar al hombre en su totalidad y en su relación con las cosas, en particular con las técnicas y posibilidades de la comunicación social.

Pero hemos de considerar a la persona en su estado existencial actual, para comprender la situación en que se desarrolla el empleo moderno de los mass media, sus defectos, necesidades y perspectivas en el sentido de una reorientación constructiva.

Una vez más, lo principal es la persona. La persona que comunica y la persona que recibe para entrar en diálogo y comunión. Toda consideración tendrá, pues, su piedra de toque en la referencia a la persona. La técnica y la ciencia, las obras de arte y los métodos de enseñanza son importantes en cuanto dicen referencia al sujeto consciente. Comunicadores y perceptores, es decir los protagonistas de la comunicación social, han de poner de sí su mejor empeño para dominar el sistema y ordenarlo a su fin.

III - LA PROTAGONISTA DE LA COMUNICACIÓN SOCIAL

1. LA PERSONA, AGENTE Y FIN DE LOS MCS

Ante el panorama de los mass media, que acabamos de describir algo someramente, surge el interrogante respecto de los detentadores de este cuarto poder, sus fines y sus medios, así como acerca de la repercusión de su acción en cuanto al ejercicio de las libertades individuales y a la conformación toda de la *civilización de la imagen*.

Por ello conviene tratar de la responsabilidad moral de los participantes en el círculo de la comunicación. El criterio para ello será la persona, criterio al que debe ajustarse cualquier empresa social.

Recordaremos, en primer lugar, los caracteres esenciales de la persona, para poder entender mejor cuál es la raíz de la peculiar dignidad de la *protagonista* de la comunicación social.

a. Persona y naturaleza racional

La persona humana es el ente más perfecto de la naturaleza. A diferencia de los animales, el hombre posee una naturaleza racional. El conocimiento humano trasciende las limitaciones de la sensibilidad y capta en el seno de cada realidad su constitución esencial, lo que cada cosa es.

La experiencia garantiza que se puede, a partir de datos individuales sensibles, alcanzar ideas o conceptos universales, susceptibles de ser aplicados a muchos individuos. La universalidad propia del conocimiento intelectual humano muestra la espiritualidad del alma y su trascendencia respecto del cuerpo. En efecto, el alma no se destruye cuando acontece la muerte, sino que la subsiste, inmortal.

La capacidad intelectual del hombre, animal racional, constituye su característica esencial. El hombre puede conocer mediante su inteligencia la totalidad de lo real. Su conocimiento tiene por objeto la esencia de las cosas y, pese a todas las limitaciones y riesgos propios de la condición humana, alcanza la verdad.

La sed natural por la verdad es la raíz del progreso humano. Y esa aspiración a conocerlo todo y a alcanzar un conocimiento verdadero de las cosas tiene una doble dimensión teórica, conociendo y contemplando lo real para captarlo tal cual es, y práctica, conociendo las cosas para dirigir la acción.

Por consiguiente el ser humano es una substancia esencialmente distinta de las demás substancias que la rodean en el mundo. Y tiene necesidades, aspiraciones y actitudes que no se confunden con las exigencias y posibilidades animales, sino que las sobrepasan. Es una substancia que tiene conciencia de ser, de sus actos y su estado, y de apropiárselos como suyos. De esa manera el hombre resulta la cima de lo creado sensible, ordenado inmediatamente a su creador e irreductible a toda instrumentación o cosificación.

He aquí la base para nuestra consideración acerca de la moralidad de los medios de comunicación social.

Pero es menester destacar aún más la libertad y dignidad humanas, en particular en relación con la cultura.

Persona y libertad

Al hablar de la acción humana se plantea el tema de la libertad, de diversas e importantes connotaciones en relación con los mass media, con su finalidad específica y, en particular, con la influencia que pueden ejercer sobre las decisiones de las personas.

Se es libre cuando se es dueño de los propios actos. Sólo así se es plenamente persona.

A diferencia del comportamiento animal, que obedece al instinto, la conducta de la persona es la consecuencia de sus propias decisiones. Es el propio individuo quien delibera, decide y actúa en consecuencia; sus actos le pertenecen, por cuanto él mismo los orienta hacia los fines de su vida. El ser humano es por ello señor de sí.

A través de sus actos voluntarios el hombre tiende a realizar el bien, que es el objeto propio de su voluntad. Pero para que un acto sea voluntario debe ser actuado con conocimiento del fin y con libertad, sin presiones exteriores, sin manipulaciones de tipo psicológico, sin confusiones, todo lo cual tendrá su relevancia a la hora de utilizar los MCS.

La dignidad humana requiere que el hombre actúe según su conciencia y libre elección, es decir movido e inducido por convicción interna personal y no bajo la presión de un ciego impulso interior o de la mera coacción externa.

La libertad humana tiene por raíz la inteligencia. Al poder conocer mediante la razón una infinidad de objetos la voluntad tiende a un sinnúmero de ellos, para el logro del bien y plenitud de la persona. Esta puede entonces elegir los más convenientes, con libertad, entre los que se le ofrecen como medios para su realización integral.

Esa su libertad, sin embargo, no es absoluta: está condicionada por diversos factores (herencia, temperamento, educación, medio social). Pero siempre, al decidir su destino, el sujeto debe obrar según su razón, en función de los medios más aptos que su inteligencia capta y le indica. De aquí la importancia de no dejarse condicionar por otros factores que puedan inducirlo a error o engaño, y que le pueden ser perjudiciales a pesar de apariencias en contrario.

Por esas sus propiedades, razón y libertad, la persona es responsable de sus actos. Esto es, es capaz de asumir sus consecuencias. La persona adulta, a diferencia de los niños, puede y debe responder por los efectos de sus decisiones de cada día, por los valores que ha realizado u omitido, por el sentido que ha dado a su vida toda. No podrá argüir excusas, ni evadirse con argumentos de consenso en sentido contrario o de una irresistible influencia de los medios de comunicación.

De aquí, es obvio, podrán desprenderse importantes consecuencias a la hora de calibrar las responsabilidades de emisores y receptores de los mensajes transmitidos por los MCS. Siempre estará en juego la libertad de decisión del que puede y debe elegir lo que más le conviene, en el mercado de informaciones, publicidad y demás sugerencias que le llegan a través de los mass media.

La dignidad personal

Digno es lo que tiene valor en sí y por sí. El hombre vive a la altura de su propio valor cuando tiende a su fin eligiendo libremente su bien y procurándose, para obtenerlo, los medios adecuados, con esfuerzo y eficacia.

El hombre en cuanto persona no puede ser considerado un elemento pasivo (lo cual recordaremos más adelante al hablar de ciertos riesgos en el uso de los MCS), sino como sujeto, fundamento y fin de la vida social.

En otras palabras, la persona humana es y debe ser el principio, el sujeto y el fin de todas las instituciones, políticas, económicas, culturales, incluidos particularmente los MCS. El principio de toda convivencia organizada, ordenada de suyo a la consecución del bien integral de las personas, es la condición de persona de todo ser humano.

Para los cristianos hay una razón todavía más alta, para esa dignidad, y consiste en la vocación del hombre a la unión con Dios, de quien es imagen y semejanza, como enseña la teología y nos recuerda a cada paso el nuevo Catecismo.

Por eso los principios morales correspondientes al buen uso de los MCS deben surgir, ante todo, de una justa consideración de esta dignidad del hombre llamado a ser miembro de la comunidad de hijos adoptivos de Dios.

La persona, la verdad y la cultura

Hemos hablado, poco más atrás, de la sed de verdad que late en el espíritu humano. Ella es tendencia innata, en efecto, que lo impulsa a conocer, a disfrutar y a vivir la verdad en todas sus perspectivas y proyecciones. Desde el amanecer de la razón el hombre se pregunta por el ser de las cosas, y en esta pregunta está en germen su búsqueda del bien, de la unidad, de la belleza.

La expresión humana en signos, palabras, gestos, símbolos, no tiene otro fin que conocer, decir, obrar y hacer la verdad, el bien y la belleza.

Para los MCS vale también el principio aristotélico de que el fin del conocimiento teórico es la verdad, así como el del conocimiento práctico es la acción.

A pesar de las humanas limitaciones en ese desentrañar la verdad de las cosas, esa verdad conocida y la fidelidad al conocimiento y a su comunicación exigen un testimonio tanto de las ciencias como de cualquier práctica de la comunicación.

Por eso la persona que quiere obrar prudentemente usa rectamente de su inteligencia, busca de equivocarse lo menos posible, no miente, procura vivir la verdad, el bien y la belleza en su totalidad y la participa, disfrutándola, a la comunidad de sus semejantes. Y así se va realizando la cultura, por el cultivo de los bienes y valores recibidos, en especial sus propias facultades, y luego la vida social.

En ese hacer la cultura tienen gran relevancia, dirá el Concilio, los MCS, puesto que pueden contribuir en gran manera a que la familia humana se eleve a categorías superiores de verdad, bondad y belleza.[32]

b. La persona en la sociedad

En un segundo momento deberemos analizar, aunque sea brevemente, la dimensión social de la persona, debido a la resonancia que ella tendrá para el nuestro estudio.

El hombre, imagen de Dios, es decir sustancia espiritual, personal y creada, es, por una parte, especialmente comunicativo por su esencia. Es decir, está dispuesto a regalar sus propios valores espirituales. Y, por otra, tiende a participar de los valores espirituales de otras personas. La meta es el recíproco dar y participar de los valores personales, y por eso en las diversas estructuras sociales se determina su propia esencia según la especie de los valores personales que en ellas intervienen.

Pues bien, una de las estructuras sociales que más claramente realizan esa comunicabilidad ínsita en la naturaleza humana es, precisamente, la comunicación a través de los medios masivos.

La sociabilidad del hombre sugiere dos temas en estrecha relación con los medios de comunicación: los derechos humanos, y el lenguaje.

Los derechos humanos

De la naturaleza racional del hombre se derivan sus derechos. De ellos se hacen eco los mass media con frecuencia, aunque no siempre sean ellos respetados por los agentes de la comunicación social.

A estos derechos les corresponderán, naturalmente, los consiguientes deberes, que todo hombre sabe íntimamente que debe respetar. Ambos aspectos tienen un lugar prioritario en relación con el activo empleo de los MCS dentro de un orden social fundado en la verdad, la justicia y la libertad.

En un nivel más próximo a nuestro tema, podemos subrayar los siguientes derechos fundamentales:

- al respeto a la propia persona,
- al honor y buena reputación,
- a la libertad para buscar la verdad,
- a pensar y obrar según la recta conciencia,
- a la educación,
- a una sana y objetiva información,
- a la educación de los hijos,
- a la participación activa en la vida pública,
- a la protección jurídica del Estado,
- a la libertad de opinión,
- a la privacidad,
- a la decencia pública...

Persona y lenguaje

En su vida de relación, y debido a la dimensión espiritual de esa relación de las personas entre sí, ellas son capaces de practicar virtudes sociales y de estructurar ámbitos culturales que un solo individuo no podría crear.

Esto se realiza mediante el lenguaje, por el cual la persona crea comunidad.

Este hecho es particularmente interesante para nuestro propósito, considerando el asombroso desarrollo de los MCS y la revolución que los modernos mass media han significado en la comunicación humana.

Habida cuenta de la necesidad de comunicación, dados los medios humanos aludidos al comienzo -palabras, gestos, silencios-, y la evolución histórica de los medios de comunicación -de la que también hemos hecho sucinta mención-, he aquí el momento contemporáneo en dicha evolución: la imagen compite con la palabra escrita, y el proceso parece llevar al indiscutible primado de la palabra audiovisual.

Este es el nuevo lenguaje de los mass media, que permite a las personas entenderse, comunicarse y aproximarse los unos a los otros en proporciones hasta hace poco desconocidas.

c. Un personalismo cristiano

La revelación cristiana abre un panorama iluminador sobre la naturaleza y la dignidad de la persona humana en su referencia a las personas divinas, en las cuales encuentra el ser humano su origen, su destino y su ejemplar.

Dios, enseña la Iglesia, es uno en tres personas distintas. El Padre se conoce en su Hijo, y ambos se aman en el Espíritu Santo, en una comunicación incesante. Dios es y obra trinitariamente -por más que se aplique a cada Persona alguna acción en particular-, en plena comunión de amor.

De este *obrar-en-comunidad-de-amor* en Dios puede desprenderse una aplicación analógica a la persona humana. El hombre sólo puede desplegar su ser y su actuar en comunión con los demás, en el don de sí por amor.

El hombre y la mujer se realizan como personas en el amor, en la trascendencia hacia los demás, horizontalmente entre sí, y verticalmente, por así decir, hacia Aquel que es el amor primero.

Y esto es así porque el ser humano es un ser espiritual, hecho a imagen de Dios. Por ende su realización plena estará en la trascendencia espiritual, llevando esa imagen a una dinámica semejanza de las divinas personas. Trascendencia de conocimiento y amor, hacia el más allá de lo material, hacia lo divino.

De hecho, lo atestigua la experiencia, el hombre comienza a conocerse cuando conoce a los otros, de manera análoga al conocimiento de las cosas que lo rodean que se hace distinto cuando aprende a distinguirlas y nombrarlas. Así se va haciendo señor de la Creación.

De este modo el cristianismo, radicado en Dios uno y trino, afirma la libertad espiritual, base de la dignidad humana, y postula la sociabilidad como necesaria.

Pero esa trascendencia solo es realmente tal y completa cuando se abre a la relación personal con Dios creador y Padre, a cuya imagen y semejanza ha sido creado. Y ese es el fundamento último de la dignidad personal, la condición de creatura de Dios hecho a su imagen y semejanza.

Por eso, insiste una y otra vez la Iglesia, por grande que llegue a ser el progreso técnico y económico, ni la justicia ni la paz podrán existir en la tierra mientras los hombres no tengan conciencia de la dignidad que poseen como seres creados por Dios y elevados a la filiación divina; por Dios que es la primera y última causa de toda realidad creada. El hombre, separado de Dios, se torna inhumano para sí mismo y para sus semejantes, porque las relaciones humanas exigen de modo absoluto la relación directa de la conciencia del hombre con Dios, fuente de toda verdad, justicia y amor.

Por eso pide la Iglesia un *respeto social* de esa trascendencia, traducido en todos los servicios que la sociedad debe brindar a la persona para el cumplimiento de su misión, en todos los órdenes de la vida: político, educacional, económico, familiar, asegurando su libertad frente a las ideologías, y su integridad, intimidad y propiedad en el ámbito privado.

Es esta trascendencia de la persona frente al universo que la rodea lo que garantiza su libertad. Porque sin trascendencia la persona, tarde o temprano, sucumbe indefensa frente a los poderes de turno. Precisamente, entre los modernos ataques contra la persona humana, el Concilio menciona *los conatos sistemáticos para dominar la mente humana como ofensivos a su dignidad.*[33]

Es en su interioridad donde el hombre decide de su destino. Sabiéndose espiritual e inmortal, no se deja engañar por meras apariencias, sino que valora las cosas en profundidad.

Sólo la trascendencia funda la dignidad de la persona, su igualdad radical y la consiguiente solidaridad social, defendiendo sin cesar la dignidad de cada persona como hijo de Dios, destinado a la vida eterna; defendiendo los derechos y la dignidad de cada ser humano, desde el momento de la concepción hasta la muerte natural.

En síntesis, la persona humana

· Como substancia individual de naturaleza racional, es única, original, irrepetible, con una misión que le es propia.

· Como animal racional, la persona humana trasciende lo material y sensible por su conocimiento y amor, y actúa con libertad y señorío sobre lo que la rodea, responsable de sus actos.

· Siendo lo más perfecto que hay en la naturaleza, todos los bienes deben ordenarse en función de la persona humana, centro y cima de la creación.

· Siendo creatura de Dios, llamada a vivir con Él, redimida por Cristo y hecha nueva creatura (cfr. Ga 6, 15.), partícipe de la naturaleza divina (cfr. 2 Pe 1, 14), su tarea es defender y crecer en la vida de la gracia.

· Siendo espiritual y llamada a la Vida eterna, la persona humana se compara a la sociedad como la parte al todo, y se ordena a ella como a su fin, pero no de una manera absoluta. La persona humana se realiza en sociedad y en comunicación, necesitando de los demás en todas sus dimensiones.

· Pero su dignidad requiere el ejercicio de la libertad sin presiones ni coacciones. Las estructuras sociales deben organizarse de acuerdo al respeto y fomento de esa su dignidad y de todos los derechos humanos de ella derivados, satisfaciendo sus necesidades.

· La vida social ordenada -que comprende la actividad de los MCS- supondrá, pues, la solidaridad de unos con otros, la búsqueda organizada del bien común y la eventual subsidiariedad por parte de la Autoridad que armoniza los esfuerzos de los particulares.

· De allí se derivará una recta concepción y práctica de la política, la economía, la educación, la organización del Estado, del trabajo, la legislación respecto de la familia, la bioética, la ecología, la salud, los medios de comunicación social, etc.

2. HACIA UN AUTENTICO PROTAGONISMO DEL PUBLICO

a. La libertad de información

La condición básica para un sano protagonismo por parte del público, en la comunicación social, es la garantía de la libertad de información. Esta es elemento esencial para la formación de una opinión pública verdaderamente libre y documentada, como lo enseña permanentemente la Iglesia. Así lo ha afirmado, en su momento, el Vaticano II, y es un tema frecuente en las alocuciones de los últimos pontífices a los hombres de prensa.

Toda persona necesita una información amplia, exacta y fiel, para conocer el cambiante mundo en el que vive y poder adaptarse a las nuevas situaciones, que demandan de ella siempre nuevos juicios y elecciones. Le es necesaria para asumir el rol que le compete de manera consciente, activa y responsable, en los diversos niveles de actividades modernas: económicas y políticas, sociales, culturales y religiosas.

El recto uso de este derecho exige que la información sea siempre verdadera e íntegra, salva la justicia y la caridad.

Para S. Juan Pablo II, una auténtica libertad de información consiste en la síntesis vital entre autonomía, verdad, sentido del bien común y sentido de responsabilidad.[34]

Esta enseñanza va a extenderse, particularmente en Communio et Progressio, a la relación de este derecho con la libertad de comunicación en general y de elección del material informativo en particular, así como acerca de los deberes correspondientes a quienes presiden la *mesa redonda* de los MCS.

b. Los riesgos por superar

Conviene detenerse brevemente en dos riesgos principales, que la formación del perceptor crítico deberá superar. Estos son la pasividad y la despersonalización masificadora.

Pasividad

La continua exposición a fantasías y el fácil entretenimiento constituyen una tentación constante de alejarse de las obligaciones y problemas de la vida diaria. Los MCS brindan a muchas personas la oportunidad de descuidar sus responsabilidades, y eso convierte a muchos jóvenes en seres sin futuro.

Esa pasividad está ligada a la pereza mental que resulta de la huida al mundo de los sueños. El mecanismo sensitivo, si es hiperactuado frente a los MCS, lleva efectivamente a una cierta paralización mental y a la conformación de un ser humano como infantilizado, menos racional en sus reacciones.

Hay un riesgo particular con internet. El de acostumbrarse a tomar lo que a uno le gusta y a dejar de lado lo que le incomoda, sin preocuparse por el criterio base de todo discernimiento que radica en la búsqueda y el amor hacia la verdad.[35] Se difunde así una mentalidad relativista, para la cual todas las posiciones tienen el mismo valor, por lo que se renuncia al trabajo exigente pero necesario que lleva a discernir y separar lo verdadero de lo falso.[36]

Por eso la Iglesia recomienda que

"los jóvenes necesitan aprender cómo funcionar bien en el mundo del ciberespacio, cómo hacer juicios maduros, según sólidos criterios morales, sobre lo que encuentran en él, y cómo usar la nueva tecnología para su desarrollo integral y en beneficio de los demás".[37]

Y por eso el moralista se pregunta: ¿hasta qué punto habrá un actuar moral en un ser así disminuido? Y ¿hasta qué punto será uno mismo el que juzgue de los hechos, para su eventual corrección, y no los animadores de los mass media con sus propios criterios?

El primer nivel social que sufre esta disminución es la familia, en la que puede ir desapareciendo el diálogo y fomentándose el desarraigo.

Masificación despersonalizadora

El segundo nivel es, lógicamente, el de la comunidad social, que sufre la masificación. Problema en cierto modo cuantitativo, por su extensión horizontal, al que acompaña otro de tipo cualitativo, en la profundidad psicológica de la persona. Allí se produce una excitación de la emotividad, una curiosa simpatía por figuras de los mass media, una adhesión sospechosa, espontánea y pre-racional a lo que se ofrece.

A menudo, lo que es moralmente aceptable por la sociedad tiende a quedar definido por los mensajes presentados con prestigio y credibilidad. Estos pseudo-valores son luego difundidos y repetidos por los diversos medios, creándose de este modo un clima de opinión sobre criterios éticos como acerca de cualquier moda, de manera que sea difícil sustraerse o marginarse respecto de ellos.

De esta manera con frecuencia los gustos se nivelan y degradan, y los valores se relativizan. Aun los valores religiosos suelen sufrir también, ya que el afán de novedades reduce toda creencia al nivel de meras opiniones.

Muchas personas disfrutan de la opulencia de la información de una manera incontrolada. Se exponen tan larga, frecuente y no-críticamente a los mensajes de los mass media que terminan confundidos y en estado de total pasividad. Por ello puede uno preguntarse si la identidad personal no está siendo amenazada por la constante asimilación de informaciones e impresiones, mientras se carece de oportunidades similares para una creativa participación.

Una exposición demasiado larga al mundo imaginario puede causar una suerte de represión en la capacidad personal de reflexionar y de enfrentar la vida de una manera realista.

Si las personas se encierran en Internet, y no llegan a establecer relaciones interpersonales ni a participar en la vida comunitaria próxima y concreta, sin bajar del ciberespacio a la comunidad,[38] se podría terminar en una situación en la que Internet, en vez de unir a las personas, las aleje y las aísle. Que nos haga sentir cerca de los que están lejos, pero ignorando al prójimo.

La web del futuro, en lugar de ser una comunidad global, podría convertirse en una vasta y fragmentada red de personas aisladas que interactúan con datos y no directamente unos con otros.
Se pregunta la Iglesia: ¿Qué sería de la solidaridad, o qué sería del amor, en un mundo como ese?".[39]
Los mensajes de la Santa Sede para las Jornadas Mundiales para las comunicaciones sociales, desde Pablo VI (1967) hasta Francisco (2014) insisten en este sentido. [40] Hoy – nos decía recientemente el Papa Francisco-, cuando las redes de la comunicación humana han alcanzado niveles de desarrollo inauditos, Internet puede ofrecer mayores posibilidades de encuentro y de solidaridad entre todos; y esto es algo bueno, es un don de Dios.[41]

Sin embargo siempre queda en juego la propia responsabilidad y capacidad de reacción positiva, así como la posibilidad de formarse y formar a los demás como perceptores críticos de lo que ofrecen los MCS.

c. La formación del perceptor crítico

Muchas veces el problema de los mass media reside en la predisposición a ser manipulado y la pasividad cómplice de los espectadores. En este sentido el público es responsable del funcionamiento de los media, consumidos por muchos por las sensaciones que procuran.

Todos necesitamos educarnos en el sentido crítico. Este nos ayuda a desenmascarar los peligros y amenazas, y nos capacita para entender los medios, valorarlos y disfrutarlos mejor. En un segundo momento habrá que hacer de nuestra capacidad de *percepción crítica* un servicio a los demás, ayudándolos a ser ellos mismos agentes de discernimiento.

Entre jóvenes y niños

Jóvenes y niños necesitan una educación que les permita discernir los programas y madurar en su condición de usuarios responsables de la comunicación.

Es menester acostumbrar a los niños a un mundo de sana imaginación, en una síntesis vital donde cada aspecto ensamble con el resto. Particular cuidado reviste en ellos el cultivo de la afectividad, la que podría quedar perturbada para siempre por una saturación de espectáculos hipersensuales.

Una educación eficaz habrá de ejercitar su responsabilidad, orientándolos en la superación de los errores y excesos debidos a su lógica inexperiencia.

Lo ideal será que el trabajo de formación continúe luego entre ellos, en un nivel horizontal, donde, canalizándose la así llamada *peer pressure* (presión del grupo), se ayuden mutua y positivamente. El tener una mentalidad más cercana y una vivencia de problemas semejantes hace que los jóvenes sean muy efectivos iniciadores de sus compañeros.

La escuela, por su parte, deberá cooperar ampliando las posibilidades educativas a todo el universo audiovisual. Más aun, no habrá educación verdadera, en nuestro tiempo, si no se enseña a los jóvenes a interpretar y valorar el mundo de la información y de la imagen, ya que la mayor parte del día se mueven en el ámbito de su influencia.

Discernimiento y colaboración

Hoy se insiste en que la responsabilidad es en gran medida del público. Del público que sabe que los MCS distribuyen, por así decir, el bien y el mal. Del público que tiene la decisión frente a las innumerables ofertas que se presentan. Del público que, en relación con los medios tradicionales, en la mano que porta el dinero para costearlos, lleva la vida o la muerte de las empresas emisoras o editoriales. Mucho bien se podría hacer y mucho mal se podría evitar si las familias tomaran conciencia de su poder frente a los MCS.

Es el público, en efecto, quien colabora a la difusión de unos valores morales positivos o negativos, esté o no de acuerdo con ellos, al sostenerlos. Porque comprando el medio aumenta la difusión, y es ese el criterio de los anunciantes para utilizar sus servicios.

Se impone, pues, el discernimiento frente al medio. Pero también la solidaridad para con el profesional de la comunicación. Porque no hay estricta dicotomía entre éste y el público. Los comunicadores son también público, han salido de él.

Y, por otra parte, en la profesión hay cabida para todo el que quiera emprender una tarea de suyo científicamente sólida, humanamente apasionante y culturalmente fecunda, para no mencionar todavía las posibilidades apostólicas. Este parece ser un corolario obligado después de lo dicho, en la línea trazada por la Iglesia (especialmente con *Inter Mirifica* y *Communio et Progressio*, *Christifideles Laici*, y últimamente *Aetatis Novae*) que exhorta a un empeño decidido en la utilización constructiva de los mass media.

El proceso de la formación del criterio

Se trata de convertir al mero receptor de los mensajes en un activo perceptor crítico. Se trata del proceso que va de un hipotético receptor superficial, pasivo y crédulo, al perceptor con personalidad y capacidad de discernimiento. Se trata de promover, en el que es mero espectador, al protagonista de una relación activa e inteligente; de ayudar, al que se deja influir de modo inerte, a permanecer el dueño de las decisiones.

Se trata, simplemente, de restituir la libertad de elección, propia de la persona, subrayando la necesidad de la deliberación inteligente ante una opción a la vez decisiva y cotidiana.

Esto puede dar lugar a una suerte de *ascética* de los mass media, que insista en la necesidad de seleccionar con discreción, de acuerdo a un criterio de necesidades reales y de sana prevención, como la persona lo hace con el alimento corporal para evitar lo que pueda resultar dañino.

Ascética elemental del que, una vez que ha elegido racionalmente lo más conveniente, sabe utilizarlo manteniendo despierto el sentido crítico, permaneciendo en todo momento el auténtico dueño de las propias decisiones. Aquí vale aquello de que el autocontrol es siempre el mejor control.

Por último, una vez que se ha seleccionado lo más conveniente y conservando siempre la propia libertad, se trata luego de una ascética de frugalidad, de libre auto-limitación, para poder dedicar tiempo también a otras actividades. Nunca está de más repetir que el flujo incesante de escenas ante los propios ojos y la insaciable curiosidad dañan el poder de contemplación. Todos deben ser capaces de *valerse* ante los MCS y disciplinarse en su *consumo*. Y todos tienen que capacitarse para ayudar a los demás en esta ascética, así como en el *uso* creativo de los MCS, como diremos luego.

En el mismo orden práctico, conviene prestar gran atención, especialmente en los entretenimientos, a la cosmovisión, estilo de vida e ideales subyacentes. El estilo y el contenido de un entretenimiento pueden ser tan seductores como un aviso publicitario. Lo cierto es que no todos ellos son constructivos, especialmente para los niños. Los estudios llevados a cabo en EE.UU recomiendan permanentemente, en sus conclusiones, que los padres hagan todo lo posible por evitar que sus niños se expongan a problemas negativos (crueldad, etc.).[42]

En cuanto a la información en general, como criterio práctico para un discernimiento inteligente en la recepción de los mensajes hemos de tener presente un cierto método.

Lo primero es prestar atención a lo que se recibe y ubicarlo en su contexto. Para esto es importante conocer el origen y las características de los diversos informadores, ya que hay fuentes que proponen y aun inventan un mensaje cualquiera solo para obtener audiencia.

A lo escuchado o leído, si lo merece su importancia conviene agregarle el punto de vista de otros, combinando diversas fuentes antes de pronunciarse.

Como es sabido, lo primero que se percibe, en la lectura denotativa, es el mensaje objetivo, tal como está escrito. Luego se percibe lo connotativo, implícito, que en la publicidad es el mensaje dirigido a las llamadas cuatro necesidades básicas: el amor, el sexo, la seguridad o el poder y el status o reconocimiento ajeno. Por último, una lectura ideológica revelará los valores o sistemas de ideas que el mensaje supone y propone para la sociedad.

Una lectura crítica, por lo tanto, supone en el perceptor la capacidad de señalar el estilo de vida que se está proponiendo, las ideas que lo justifican y los valores que se pretenden comunicar.

Considerando ahora la publicidad en particular, es un hecho comprobado que el consumo desarrollado en los países industrializados supone un enorme y constante despilfarro. Y que a la irracionalidad de estos criterios se une la irracionalidad del proceso mental de que los lectores y oyentes son hechos objeto. Eso requiere de ellos gran firmeza moral para no dejarse seducir.

Pero no basta conformarse con discernir para propio consumo lo que se dice u ofrece. Es necesario hacer conocer la propia reacción, reprobando o aplaudiendo, y si es posible organizándose para velar por los derechos del público.

3. EL COMPROMISO DE LOS COMUNICADORES

a. Presencia actual del comunicador social

Lo hasta aquí estudiado pone de manifiesto por sí solo, y elocuentemente, la enorme trascendencia del oficio del comunicador y la responsabilidad que le cabe.

Para ponerlo de relieve de una manera más sistemática, habrá que reducir el panorama y concretarlo, entre los distintos tipos de comunicadores, en el periodista, dejando implícita una extensión al resto.

En la actualidad los periodistas gozan de un papel preponderante en la sociedad, como informadores y agentes de la opinión pública. Ello contribuye a convertir su profesión en una de las más importantes, y, como ellos son conscientes, son proclives a constituirse en una suerte de casta comparable a las que se imponían en ciertas culturas.

Ellos son casi siempre temidos, y por consiguiente poco amados. Pero son, sobre todo, envidiados: los periodistas son prácticamente los únicos, en la sociedad, que gozan del privilegio de expresarse sin haber recibido un mandato público para hacerlo. Pueden hacer también mucho bien y mucho mal, a veces sin haberlo querido. Si el periodista entiende debidamente su vocación, puede desempeñar un rol similar al del antiguo profetismo, no solo denunciando males y tragedias sino también ayudando a descubrir los más apremiantes signos de los tiempos.

Cualificados periodistas pueden ser los oportunos mediadores entre las conquistas de la ciencia y el gran público. Y esto vale también para el pensamiento religioso. Un comunicador capacitado para comunicar teología puede cumplir un eminente servicio a muchas personas interesadas y carentes de otro acceso a encíclicas o tratados doctrinales. La religión merece, como hemos señalado, un tratamiento serio, competente y sin prejuicios, de parte de los mass media.

b. Condicionamientos y dificultades

Y eso nos aproxima al tema de la opción moral del comunicador y de las condiciones en que hará del ejercicio de su profesión un efectivo y meritorio servicio a la comunión entre las personas.

Para un desempeño responsable y meritorio es condición básica la libertad de acción, *de acción comunicadora*, de expresión de acuerdo a los dictados de la propia conciencia.

A menudo, sin embargo, el comunicador se ve condicionado y limitado en el ejercicio de su tarea, no exenta por cierto de dificultades, conflictos y tentaciones. Se trata de las diversas circunstancias en las que puede verse comprometida esa libertad y la ética en el ejercicio del oficio.

Destaquemos, con los expertos, las que se refieren a:

· relaciones con las fuentes de información: sobornos, filtración de informaciones, solicitaciones,

· conflictos con la empresa: cláusula de conciencia, criterios de selección,

· conflictos de intereses: empleos subsidiarios y otros compromisos,

· conflictos con el poder público: entrevistas oficiales, censura y autocensura,

· conflictos con el público: derecho a la intimidad, pleitos,

· prebendas: regalos disfrazados, viajes y otras ventajas,

· código personal: deontología vs. gremio, actividades políticas y otras adhesiones personales, la propia imagen,

· censura, riesgos personales, violencia.[43]

Pueden agregarse, además, las dificultades que surgen del ritmo vertiginoso en el que se lleva a cabo la tarea del agente comunicador. Ritmo poco propicio, a menudo, para la debida ponderación del alcance de cada una de las palabras y expresiones con que se describen las informaciones, especialmente las actuaciones de personas y sus responsabilidades ante los diversos hechos que son noticia.

c. Su responsabilidad profesional

¿Cuáles son las exigencias morales del comunicador?

Veamos las que le competen ante todo como profesional, pero más precisamente como profesional de la comunicación, profundizando luego en lo que atañe a su capacitación y actuación específicas.

Como profesional

Elegida la calidad de profesional, se asumen voluntariamente sus obligaciones, a saber:

· Preparación adecuada para su ejercicio, tanto más cuidadosa cuanto mayor sea su trascendencia. Esto supone la actualización y educación permanente.

· Ejercicio de la profesión según sus fines propios, como lo son la salud y la vida para el médico, el derecho y la justicia para el abogado, el progreso y la comunión para el profesional de la comunicación.

· Actitud de servicio y las virtudes que de él se esperan: honradez, diligencia, conciencia social, fidelidad a la institución que lo contrata, discreción, respeto.

Como profesional de la comunicación

·El comunicador debe estar al debido nivel técnico y artístico, psicológico y moral, tal como lo exige una función de tal trascendencia y responsabilidad.

Ante todo necesita competencia técnica, la cual le permitirá realizarse, mereciendo posibilidades de trabajo y la favorable acogida de un público que aprecia la calidad. El buen periodista, por ejemplo, como el buen animador, no debe su audiencia numerosa a otra cosa que a su eficaz desempeño. No la hereda, no la paga: la merece.

Todos cuantos se ocupan profesionalmente de estos instrumentos deben en conciencia procurarse la necesaria competencia, tanto mayor cuanto mayormente dependa de su responsabilidad la bondad de la comunicación.

Pero la preparación técnica sola no basta. En principio, cuanto mayor sea la influencia de lo que una persona transmite, tanto mayor debe ser su preparación. Por eso necesita una formación de amplio espectro, para sí mismo como persona, y para saber adaptar sus mensajes al diverso público,   sin traicionar el contenido por su defecto de comprensión.

Le es menester un cierto nivel de ciencia general, por las vinculaciones de su tarea con la lingüística, la psicología, la sociología, y de una manera u otra con todas las ciencias, aun la físico-matemática o la religión.

Se trata de una inter-disciplinariedad orientada hacia una síntesis del hombre y de la vida, de manera de hacerse apto para afrontar los desafíos que se le presentan durante el desempeño de su misión.[44]

Y les es preciso contar con una amplia gama de virtudes humanas: amplitud de espíritu y disposición al diálogo, dedicación y voluntad de servicio, inquietud intelectual, libertad frente a presiones, búsqueda sincera del bien común, respeto de la intimidad y de la interioridad de las personas, ayudándolas en lo posible en su crecimiento espiritual.

Ello lo llevará a evitar los defectos y abusos ya señalados, y a cooperar él también a la formación de un perceptor maduro, capaz de discernir.

Ha de caracterizarse asimismo por una escrupulosa objetividad. El periodismo implica el servicio y la lealtad a la verdad acerca de las cosas y de sí mismo.

El comunicador debe sentirse obligado, antes que por sus pares o por el Estado, por la voz de su conciencia.

En fin, necesita mantener una cierta distancia crítica de los poderes que pueden condicionarlo, a la vez que una cercanía de las personas a las que va a servir profesionalmente, con una sensibilidad especial hacia las necesidades de la mayoría silenciosa.

·En el orden práctico el comunicador está sujeto, en principio, a todas las obligaciones generales y a un conjunto de obligaciones propias o específicas. En caso de conflicto entre una obligación general y una especial deberá cumplir antes, en muchos casos, su obligación específica.

Por ejemplo, si de la ignorancia de algún hecho privado pudieran derivarse graves daños al grupo social y a sus miembros, se podría en algún caso violar la intimidad de la persona en cuestión. Pero no sistemáticamente.

Uno de los deberes insoslayables del periodista en la actualidad es el de impulsar la libertad de expresión. También debe ofrecer a los lectores la posibilidad de confrontar sus puntos de vista y tomar partido con libertad.

Estas son simples aplicaciones del principio general de que el fin de la profesión determina sus deberes. Y si la sociedad ha de unirse en la verdad y el bien, su misión de servicio a la sociedad consiste precisamente en proporcionarle la verdad y con ella estimular el bien.

Se espera de ellos prudencia a la hora de difundir expresiones artísticas de la vida real a un público indiscriminado. Porque las obras de arte pueden crear problemas morales cuando el artista parte, sí, de una visión real de la existencia humana, con todos sus lados positivos y negativos, pero con espectadores poco o nada capaces de comprender como conviene el mal y el vicio, ya sea por causa de su edad, o por defecto de cultura o de formación.[45]

En síntesis, el gran deber del comunicador es, precisamente, comunicar. Le competen sí deberes comunes a todo hombre, y a todo profesional. Pero su deber prioritario es informar, y en función de ello sirve a la sociedad que lo ha capacitado.

Ese deber no es más que la contrapartida del derecho de los demás a estar informados, el cual derecho quedaría frustrado sin el comunicador profesional.

IV - DE LA COMUNICACIÓN SOCIAL A LA COMUNIÓN INTERPERSONAL

Luego de una visión panorámica, predominantemente técnica y sociológica, del mundo de los MCS, como se ha intentado en la primera parte, y del análisis moral intentado a continuación, nos corresponde tratar ahora de la comunicación desde una perspectiva netamente teológica.

Lo primero será establecer brevemente la etimología e historia del término, en su relación con comunión, poniendo de relieve el uso cristiano de los mismos desde los comienzos de la historia de la Iglesia.

Dicho capítulo permitirá entender mejor el sentido y valor del vocablo al aplicarlo analógicamente a la vida intratrinitaria, luego a Cristo, el modelo y maestro de comunicación, y por último a la vida del cristiano en su relación con los mass media.

1. *COMUNICACIÓN* EN EL PENSAMIENTO CRISTIANO

a. *Comunicar: poner en común*

En una primera aproximación, comunión y comunicación parecen proceder ambos de la misma raíz, a saber *cum-munio,* que indica -*munio*- fuerza, protección. Defensa quizás en la unión, unión con alguno con el que se comunica alguna cosa. Es decir que para la común unión que fortalece, es preciso que haya algo intermedio: una cosa, tal vez un mensaje. En Dios, cuya vida es un misterio de *comunión* personal de amor, se trata, en principio, de la comunicación del amor.

El griego *koinonía* implicaba ya una cierta puesta en común (como es claro en el latino *communicare:* poner en común) con posesión y gozo compartidos. Un tener y dar, por un lado, y un recibir, por el otro, para tener, como reza el antiguo proverbio, entre amigos, todo en común.

Este término cobraría enorme importancia en el vocabulario cristiano y profano de todos los tiempos, particularmente en la presente era de la comunicación social.

b. La *communio* cristiana

En cuanto al uso histórico del término, se encuentra ya en Cicerón, en un sentido próximo al adjetivo *communis,* de puesta en común, posesión común, y a veces simplemente de un parecido, de una característica participada por varias personas o cosas.

En el latín cristiano va a conservar ciertamente este sentido elemental, pero va a ser enriquecido con un contenido específico. Los cristianos, en efecto, comparten en cuanto tales todo lo que Dios ha dado a la Iglesia de Cristo. De este modo, *communio* va a expresar la unión a la Iglesia, y el compartir la fe, el culto, los sacramentos, y aun los bienes materiales de los hermanos.

De entre los dos sentidos implícitos en la expresión, el de *dar* y el de *recibir* aquello que se tiene en común, este último parece estar más presente en san Pablo. Ambos tienen gran relevancia en el formar la Iglesia, Comunidad y Cuerpo que comparte una misma vida y alimento en la Eucaristía (cfr. I Co 10, 16).

Los Hechos de los Apóstoles presentan la *communicatio* tan próxima a la fracción del pan (o Eucaristía), que parecen haber quedado una y otra indisoluble y definitivamente unidas (cfr. 2, 42).

La comunión eucarística no será más que un elemento entre los otros, pero el elemento central, que supone, recapitula y corona los demás.

Siguiendo la Historia de la Iglesia, el término latino *communio* se encuentra con frecuencia en Tertuliano, y a menudo en relación con *communicatio*. Para él, ésta se refiere al hecho de estar en comunión con los demás fieles, que en todas las iglesias no forman sino una Comunidad, comunicando todo lo que Dios ha dado a todos en un conjunto total e indivisible. Y ese acorde o concordia de todos los cristianos y de todas las iglesias en la misma fe, en la oración, en la paz, comporta una referencia última a la Eucaristía, al menos implícita.

Se trata, evidentemente, de la dimensión social de la comunicación eucarística.

Y esa comunión espiritual se expresará asimismo por escrito, con las llamadas *litteræ communicatoriæ*. Dichas cartas contenían listas de nombres y direcciones que se utilizaban en los viajes, especialmente en tiempos de persecución, para dirigirse a personas de confianza. Tertuliano afirma que ellas prueban la unidad en la comunicación de la paz y en la mutua hospitalidad de los que se llaman hermanos. Eran, como puede apreciarse, excelentes medios de comunicación para la comunión.

Volviendo a la comunión en cuanto concordia entre los hermanos, abundan los textos también en Cipriano y Agustín, ambos en respuesta a las crisis que atentaban contra esa comunión eclesial en sus respectivas iglesias. Textos más líricos en el segundo, pero no menos convincentes en el primero.

Agustín no cesa de celebrar la comunión católica *toto orbe diffusa*, esto es extendida en el espacio y también en el tiempo por los sacramentos o *signos* que, desde Abel, atestiguan sin cesar la presencia activa de Cristo entre los suyos, gracias a la misión siempre continuada de los apóstoles.

Comunión cristiana cuyo clima es la paz, la *pax Christi* en la *christiana unitas*, la unidad cristiana lograda lo más perfectamente posible. Los fieles que reciben la Eucaristía se convierten en lo que reciben, en el Cuerpo de Cristo que toman como alimento. La comunión de los santos no es independiente de la comunión sacramental en la que ella se realiza. Para Agustín, es cuando todos participamos de un solo pan (I Co 10, 17) que se forma el Cristo total, cabeza y cuerpo.

d. La comunión eucarística

El desarrollo medieval latino de la doctrina eucarística va a separar cada vez más los términos *communio y communicatio,* respectivamente como unión en general y distribución de la Eucaristía en particular.

La comunión total va a realizarse, pues, en el cuerpo místico, la Iglesia, gracias a la Eucaristía.

Para santo Tomás *communio* expresa el efecto presente del sacramento: la *congregatio*: la unión de los fieles en Iglesia. El Aquinate utiliza expresamente el término aristotélico *koinonía* en el contexto de la caridad, con una extensión mayor que la estrictamente eclesial.[46] Amplitud ésta que permitiría hablar, en el contexto de nuestro tema, de una comunicación analógica en la sociedad humana favorecida por nuevas posibilidades de compartir. Comunicación social en la común información, en la educación, en la distracción y el juego, etc.

La Iglesia en la Edad Media, por los sucesivos problemas sociales que debe enfrentar en la Europa que es su entorno inmediato, va a reforzar sus estructuras, reafinar su legislación, dar a su vocabulario técnico resonancias más precisas. Surge en el uso popular la expresión *excomunión,* como el negativo (privación y exclusión) de la comunión en el cuerpo socio-sacramental. La expresión misma implica una profunda valoración de esa pertenencia espiritual y corporal a la comunidad que realiza, aunque de un modo imperfecto, el reino de Dios, y que anticipa y anuncia la escatología.

Modernamente, con la difusión de los medios de comunicación de todo tipo, la palabra *comunicación,* como es notorio, ha conocido un enorme progreso.

Convendrá retener este contenido de *unidad-en-los-bienes-comunes,* lo cual tiene para los cristianos valor teológico, particularmente en el marco eclesial. En cuanto Iglesia, en efecto, toda persona está llamada a la **comunicación social**, es decir a la comunicación en cuanto comunidad de los bienes divinos que se reciben en común y de los cuales se vive, en Cristo, en la fe y los sacramentos, en la caridad y la solidaridad visible.

Entre los términos *communio* y *communicatio* puede verse tal vez una relación de aumento de **actividad.** En efecto, cuando se establece o se entra en **comunicación** se aumenta la actividad de aquel que ya estaba en **comunión** de bienes.

El cristiano que, desde el Bautismo, ya participaba del Reino y poseía por infusión la fe, es decir que ya estaba en comunión, sólo cuando es adulto y por ende capaz de dar testimonio comunica activamente. En la Liturgia podrá participar con los demás *communicantes,* como quiere la primera Plegaria Eucarística, entrando activamente en ese círculo de comunicación social que no conoce fronteras y se extiende hacia los ciudadanos de la Jerusalén celeste. Comunicación ésta cuyo signo y momento culminante será, precisamente, la comunicación en la Eucaristía. Adulto, el cristiano será ya un *communicator*, como lo quería Tertuliano.

En el Concilio Vaticano II y después de él se habla de esta *communicatio* bajo una luz nueva, predominantemente en un sentido ecuménico, que viene a enriquecer el contexto eucarístico y eclesiológico ya conocidos. Desde entonces se habla a menudo de la *comunión imperfecta* entre las comunidades cristianas.

Esa comunión es, de alguna manera, meta, pero también expresión del deseo de llegar a esa comunión perfecta, de vivir el don de comunión, don que es un nuevo modo de existencia para el hombre, don que es el ser-juntos plenamente, en la Santísima Trinidad.[47] Meta a la que se tiende por medio de la **comunicación** de los dones divinos, comunicación con Dios y entre los miembros del mismo Cuerpo. Comunión con Dios, por Jesucristo, en el Espíritu Santo.

Esta **comunión**, fin manifiesto de la **comunicación social**, cuya plenitud escatológica Cristo el Señor ha querido para su Iglesia, no es ciertamente una unidad puramente exterior. Es una dimensión más profunda, interior, la cual es significada precisamente por el vocablo catolicidad.

2. LA COMUNICACIÓN DIVINA

a. La comunicación-comunión intratrinitaria

Comunión de luz y vida

Desde una perspectiva teológica, la Historia de la Salvación nos ofrece el comienzo de la comunicación interpersonal en la actividad de Dios mismo, desde la eternidad y en el tiempo. Dios se conoce y se ama, y en ese círculo de amor Dios, que se posee, es infinitamente feliz.

Para los cristianos la comunión interpersonal, último fin de toda comunicación, encuentra su fuente y en cierto modo el modelo ejemplar en el misterio de la eterna comunión trinitaria del Padre, del Hijo y del Espíritu unidos en una misma vida divina. Comunión de un pueblo, en expresión de san Cipriano, cuya unión sea un reflejo de la unidad que existe entre el Padre, el Hijo y el Espíritu Santo.

La fe trinitaria es así el soporte vital para toda empresa tendiente a anudar lazos firmes y libres entre los seres creados a imagen y semejanza de Dios.

La Iglesia absoluta de la Trinidad divina se convierte así en imagen normativa de la Iglesia de los hombres, comunidad del amor mutuo, unidad en la multiplicidad. La Iglesia, si es fiel a sí misma, será un sacramento de esa comunión (que es unión) trinitaria.

El Evangelio de san Juan comienza poniendo de relieve el hecho de que Dios profiere su Palabra, su Verbo. En el principio era el Verbo, y el Verbo, la Palabra, es comunicación. Dios habla, es decir Dios se comunica. De alguna manera, pues, en el principio era la comunicación, la comunicación entre Dios Padre y Dios Hijo, ya que esa palabra que Dios se dirige y es su verbo es eterna, como Dios mismo: el Verbo es Dios. Y lo que Cristo revela de la vida trinitaria es la realidad de la comunicación entre el Padre y el Hijo, comunicación de amor que es el Espíritu Santo.

Esa palabra que el Padre pronuncia y que se hace carne y es el Hijo, es manifiesta gracias al Espíritu. El Espíritu es así el medio de comunicación que revela sin revelarse: *El no hablará por su cuenta*, dice san Juan, sino que hablará lo que oiga (16, 13). La suya es una luz que da vida, como la que se dice que engendra la perla al penetrar en la oscuridad de una ostra. Perla que, en el lenguaje cristiano, evoca al Reino escondido. Por la luz del Espíritu el Reino es engendrado en el alma del cristiano.

La comunión del cristiano es comunión en esa luz. Como en la última Cena en la amplia sala que Jesús quiso toda llena de luz. Llena de luz porque Él está con ellos, con los suyos. Cuando Satanás entra en Judas, en contraste, éste se refugia en la noche, escondiendo allí su comunión con el poder de las tinieblas (cfr. Jn 22, 3).

Seres para la comunión

A semejanza de la Trinidad, la comunión cristiana es comunión en un compartir total: *todo lo mío es tuyo y lo tuyo mío* (Jn 17, 10), lo cual es constitutivo del misterio de Dios en cuanto que cada una de las tres divinas personas posee plenamente todo lo que es bien, verdad, belleza. Y es por ese querer compartir y comunicar su gozo a más personas que Dios crea, como a los ángeles, a las personas humanas. Dios crea personas, seres capaces de entrar en comunicación. Seres capaces de participar en la comunicación de amor que es la vida misma de Dios uno y trino.

Y ese va a ser, en cierto modo, el ideal humano, ya que es la idea que Dios tiene al crear a las personas *seres-para-la-comunicación*. De alguna manera lo dice el mismo Dios cuando, en esa última cena con los primeros discípulos del nuevo testamento, los llama a ser uno entre ellos, como El, siendo trino, es uno (cfr. Jn 17, 11). Y esa va a ser la tarea de los cristianos, la re-unión, hacia una comunión que asemeje en la tierra la comunión intratrinitaria para la que el hombre fue creado. Tarea de común unión durante la vida terrena, que abarca todo el esfuerzo comunitario por hacer de este mundo un anticipo, lo más pleno posible en sus realidades y valores temporales, de la eterna felicidad escatológica.

Por ello, como hemos recordado al tratar de las funciones de la comunicación social, ésta puede y está llamada a cooperar amplia y eficazmente en la obra de la comunión. Comunión en los valores espirituales y en las posibilidades materiales. Es decir, comunión en la convivencia armónica, pacífica y fructífera, imagen y semejanza, a la vez que preludio, de la comunión beatífica más allá del tiempo.

b. La comunicación divina en la historia salvífica

La pedagogía divina

En la comunicación que Dios establece con los hombres, hay una pedagogía de imagen y palabra a lo largo de la Escritura, como de belleza en la creación y de hechos llenos de significado a todo lo largo de la Historia de la Salvación.

La Creación misma es un medio de comunicación y una representación máxima a la que Dios da significado para el hombre que Él va a poner como su culminación. La creación entera es un mensaje divino, mensaje de su amor que toma la iniciativa y dona desinteresadamente.

En la Escritura Dios se sirve de imágenes -hechos, figuras proféticas, etc.- y de palabras que les dan sentido, como ocurre en los dibujos animados o historietas: la imagen, por sí sola, no alcanza a significar sin la palabra que la informa. En una suerte de diálogo, la palabra y la imagen se llaman la una a la otra, expresan aspectos complementarios de la misma y única revelación. Lo que la palabra dice, la imagen nos lo muestra silenciosamente. Lo que hemos escuchado decir, ya lo hemos visto.

Desde el Arco de la Alianza, signos visibles jalonan la Historia. Así, por ejemplo, Dios se comunica con Job doliente por una sucesión masiva de imágenes, que revelan y al mismo tiempo protegen Su misterio. Por eso añora el sufrido patriarca la visión directa: *Yo, sí, yo mismo lo veré, lo mirarán mis ojos...* (19, 27).

Los Profetas, por su parte, van a ser calificados instrumentos de la comunicación divina. Sus gestos van a estar, por lo general, cargados de significado. Pero muchas veces serán sus palabras, palabras que Dios va a poner en sus labios, las que van a dar la forma a una materia que de otro modo permanecería muda para el entendimiento de sus destinatarios. Los Profetas claman por la visión del Invisible que deben, a su vez, comunicar a los demás.[48] Claman por una comunicación más plena, como será la de la Encarnación de la Palabra.

Y esa comunicación será plena al final. La promesa escatológica asegura a los hombres que *verán el cielo abierto, y a los ángeles de Dios subiendo y bajando sobre el Hijo del Hombre* (I Jn 1, 51). Por eso, se augura, ¡*dichosos los ojos que ven lo que veis!* (Lc 10, 23).

Comunión en la verdad, el bien y la belleza

Dios se comunica cuando crea, y al crear el ser refleja su infinita belleza. El Espíritu divino, revelador silencioso de la Palabra del Padre, va a suscitar en el ser creado el interlocutor para esa Palabra y el espejo que refleje Su belleza, esplendor de su verdad. Por la comunicación mediante la imagen y la palabra, Él va a suscitar el diálogo y la comunión.

Como enseñan los Padres de la Iglesia, el ser humano es una creación de la Belleza divina y un ser llamado a volver a esa Belleza original recorriendo sus vestigios. De hecho verdad, bien y belleza se ofrecen a nuestra contemplación a todo lo largo de la Biblia. Toda la creación lo atestigua. Dios, sacando al mundo de la nada, compone su sinfonía en seis días, y a cada uno de sus actos -según el texto griego del Génesis- *El vio que era bello...*

Dios se regocija igualmente en la belleza moral de su creación, en la respuesta de sus creaturas a la comunicación de verdad, bien y belleza que El iniciara. Dios y el hombre entran en comunicación cuando el hombre, despertando a la vida que el supremo Artista acaba de darle, le responde con admiración y gratitud. Y, completando el cuadro con la belleza moral de sus actos, participa de la belleza divina. Es en su semejanza con Dios que el hombre manifiesta esa belleza divina. Y esa semejanza hace al hombre no solo bueno, sino también bello.

Aun después del pecado, la luz brillará en las tinieblas. La luz vendrá a la conquista de las tinieblas, con la vehemencia de un rayo que cae de pronto y resurge victorioso.

El ideal cristiano no será sino un acercarse sin cesar a la luz, como lo pondrán de relieve los santos Padres. Un vivir en el círculo luminoso donde Dios, que es Amor, habita. *Estar en la luz* es estar en comunión resplandeciente y es, por consiguiente, manifestar la belleza querida por Dios.

Al final de la Biblia, el Apocalipsis afirma que entonces ya no habrá noche, pues *el Señor los alumbrará* (22, 5) La eternidad será la contemplación de la Belleza a la luz del Dios verdadero.

Mientras, la historia se ilumina con la luz comunicada por Cristo transfigurado. Y ese es el tema del siguiente capítulo.

3. CRISTO, PERFECTO COMUNICADOR

a. Cristo medio y maestro de comunicación

Cristo, Dios hecho visible y audible en su asumida humanidad, es la culminación de la comunicación divina por la imagen y la palabra. Él es, a la vez, comunicador y comunicado. Él es comunicador de los secretos del Padre (cfr. Jn 15, 15), y es a su vez el contenido del mensaje que la Iglesia ofrece desde hace veinte siglos.

La teología católica ve en Cristo al Comunicador modelo. Él no es sólo el *comunicado,* acontecimiento y mensaje, Persona y Doctrina de la cual habla la Iglesia que lo continúa en el tiempo. Él es asimismo el perfecto *comunicador* que viene a anunciar a los seres humanos y a conversar con ellos acerca de lo que les interesa conocer para su propio bien.

Desde el mismo comienzo de la historia humana Dios quiso entablar un diálogo amistoso con los hombres. El cerrarse a esta actitud amorosa de Dios por el pecado perturbó tanto la comunicación con El como la de los hombres entre sí. El pecado de orgullo trajo consigo el pecado contra la comunicación.

Pero Dios retomó la iniciativa, como un incansable enamorado (cfr. Os 2, 16), y volvió a dirigirles la palabra: si *de muchos modos habló Dios en el pasado a nuestros Padres por medio de los profetas...* (Hb 1, 1), finalmente lo hizo a través de su propio Hijo.

La Encarnación es, precisamente, la comunicación culminante de Dios, la que El hace por medio de su propia Palabra y por la Imagen toda belleza de su Hijo. La imagen del Verbo hecho sensible en Cristo es el rostro humano de Dios. Él se nos comunica revelado por Cristo (cfr. Jn 14, 8), y en su presencia perceptible a los sentidos Dios nos revela su belleza. Por ello Cristo ha de ser el más hermoso de los hijos de Adán (Sal 45, 3), así como Su madre es justamente llamada *el rostro maternal de Dios.* Era preciso que aquélla, reflejo a su vez de la Belleza suma, que iba a dar a luz al más hermoso entre los hijos de los hombres, fuera ella misma de una belleza admirable.

Esa belleza del Hijo es la imagen del Padre que es fuente de toda belleza, imagen revelada por el Espíritu de Amor y Belleza. Se trata de la Belleza trinitaria, que es dado a los hombres contemplar en la figura de Dios encarnado. Porque *el que me ha visto a mí, ha visto al Padre...* (Jn 14, 9). Belleza que tendrá exigencias morales para quienes han de ser perfectos (en el ser y la belleza) como el Padre lo es (cfr. Mt   5, 48.).

Cuando Cristo dice que Él es la verdad (cfr. Jn 14, 6.), dada la íntima unidad entre ambos aspectos su palabra significa también: *Yo soy la belleza.* Y de este modo Dios, que se comunica por medio de Jesucristo, Verbo, Verdad y Belleza encarnados, se sigue comunicando por medio de cada creatura bella, por medio de cada uno de los incontables reflejos de su infinita Verdad y Belleza diseminados por toda la Creación.

Ahora bien, la comunicación que Él ofrece -ejemplar- es no sólo comunicación de verdad y belleza, sino la de Su misma vida.

Por eso enseña el Magisterio que la comunicación es plena cuando realiza la donación de sí mismo en el amor,[49] a ejemplo de la comunicación de Cristo, que es la de Su Espíritu y Su vida. Y el Espíritu que Cristo comunica es la vida misma de Dios, principio de unidad y comunidad.

Así es la comunicación que Él quiere entre las personas humanas, una comunicación generosa, desinteresada, vital. Y es así que Cristo restablece la comunión entre las personas.

Él se hizo, para ello, semejante a sus interlocutores. Se adapta a quienes lo escuchan, se hace comprensible, lo hace con total libertad. Y quiere que, una vez ausente, la comunicación continúe, se prolongue y se propague, para que sean perfectamente uno (Jn 17, 23) en sincera comunión.

Él es, en efecto, maestro de comunicación. Él es el comunicador del mensaje, y Él mismo es el mensaje del Padre a los hombres, mensaje de sabiduría y amor, como lo es de otra manera la creación misma. Creación que fue, por así decir, la primera palabra que Dios dirigió a los hombres. La segunda es la revelación de su verdad a través de medios humanos, y la tercera, en este sentido, es su misma Encarnación, una palabra que es Él mismo.

San Lucas nos ofrece un momento culminante en esa comunicación divino-humana. La Virgen María recibe el anuncio de la Encarnación en forma de invitación respetuosa de su libertad. Ella representa gráficamente, con su vida, esa comunicación divino-humana, y su asunción final va a completar el ciclo iniciado en la anunciación del ángel.

Toda la humanidad está, en efecto, allí representada. Dando al mundo el salvador, ella se constituye como el gran medio de comunicación divino-humana. Ella comunica al mundo la Vida, al darle al Autor de la vida. Ella es puente comunicador, y ella muestra el camino hacia la comunión plena.

A todo lo largo de la vida de Cristo Dios sigue comunicándose con los hombres. El Bautismo de Jesús en el Jordán, por ejemplo, o su Transfiguración, van a ser escenas elocuentes de esta comunicación divina por medio de hechos y palabras que les den sentido: *Este es Mi hijo amado* (Mt 17, 5), se escucha, mientras se contempla la escena.

La humanidad -visible- de Cristo es el ícono de su divinidad -invisible-. Ella es, como dirán los Padres, lo visible de lo invisible. El que me ha visto a mí, ha visto al Padre (Jn 14, 9), y al verlo ha entrado en comunicación con El. Y a la vez el Padre ve en Cristo al hombre, y acepta la ofrenda que el hombre le hace en Cristo y en Cristo el Padre ama a la humanidad.

Cristo es así el medio de comunicación por excelencia para ambos términos a la vez, lo cual se aprecia gráficamente también en el Tabor, cuando la epifanía teándrica. El rostro luminoso de Dios hacia los hombres es el de Cristo transfigurado.

Puente de amor y esplendor de comunicación como acontece en los iconos, ya que en ellos no se encuentra ni sola la humanidad ni sola la divinidad: es la *hipóstasis* de Cristo, es Dios hecho hombre el que se manifiesta.

Cuando Jesús cura a los sordos, cuando abre los ojos de los ciegos, los prepara para la comunicación y se les manifiesta tal cual Él es, para que, viéndolo y escuchándolo, vean y escuchen al Padre. Palabra e imagen de equivalente importancia en la comunicación para y hacia la comunión.

Esa palabra tendrá su momento culminante cuando gracias a ella se ofrezca a los hombres el alimento divino: *Tomad, comed, esto es mi cuerpo* (Mt 26, 26). Palabra de invitación a la comunicación íntima, a una comunicación que quiere ser comunión plena. Palabra de vida, de presencia y permanencia, de un amor ingenioso que inventa el modo y el medio de asegurar y perpetuar la comunicación.

En todos los sacramentos la palabra eficaz de Dios se convierte en vida y se ofrece en alimento y bendición. La comunicación es plenamente vital. Es comunión interior por medio del signo sensible.

Es efectivamente comunicación para la comunión.

Y es también una nueva entrada, en la creación, de la belleza divina traducida en reflejos diversos. En la resurrección esa revelación divina será decididamente radiante y triunfal. Cristo confirma el valor de su comunicación y reafirma entre los hombres la aceptación del mensaje revelado, la admiración de su belleza infinita, la voluntad de comunión.

En Pentecostés, como en la Resurrección, Dios se comunicará por la imagen y el sonido. El hecho de la venida del Espíritu Santo será manifiesto por lenguas de fuego y un ruido como el de una ráfaga de viento impetuoso (Hch 2, 2). Dios muestra su presencia y su acción, y suscita la comunicación, según el Espíritu les concedía expresarse.

Luego los apóstoles van a comunicar a los demás lo que han visto y oído, todo lo que hace a la Palabra de Vida, pues la vida se manifestó, y *nosotros la hemos visto y damos testimonio* (I Jn 1, 2). Es, evidentemente, comunicación de vida. Y una comunicación que, a su vez, excita la comunicación sucesiva: ellos anuncian lo que han visto, es decir que el Verbo se hizo carne, que la Palabra se hizo imagen, que Dios se hizo accesible luz, y ellos la han visto. Ellos, los de *limpio corazón* (Mt 5, 8), ellos ven, como san Esteban al pasar por el fuego purificador del martirio, ven y comunican.

A través de toda la Liturgia Cristo sigue siendo el gran mediador, el *mediator,* el comunicador. En la Liturgia todo quiere ser un permanente y eficaz medio de comunicación de Dios a los hombres y de éstos a Dios. Allí la comunicación auditiva reconoce su lugar a la manifestación visual, y se complementa con el grande y resplandeciente despliegue de formas y colores que, a su modo, hablan, sugieren, comunican. Toda la armonía y belleza de la Liturgia, que deleita y eleva, insinúa y anticipa el gozo de la comunión con Dios y entre sus hijos en la Liturgia celeste que, con su poesía misteriosa, describe el Apocalipsis.

Como revelación del Padre, Cristo es Palabra, pero es también, dirá san Pablo, imagen. Él es el ícono que esperaba el Antiguo Testamento, que prohibía la representación de la divinidad con figuras humanas por temor a la idolatría. Cristo es la imagen del Padre que se hace visible, de manera que, quien lo ve, ve al Padre (cfr. Jn 14, 9).

Toda comunicación dirigida a las personas humanas debe tener en cuenta esta lección de la pedagogía divina, y de manera particular en la actualidad, cuando la imagen predomina. Comunicar al Cristo Comunicador no puede ser una tarea únicamente conceptual, de tipo literario, sino debe continuar la Catequesis divina mostrando a Cristo-imagen del Dios invisible. Es esta una lección que se desprende de la misma predicación de Cristo, abundante en cuadros llenos de vida y colorido.

En efecto, Cristo comunica por medio de parábolas, haciendo sus palabras como visibles. Y ello no sólo debido al temperamento y tradición de sus interlocutores orientales, sino porque las imágenes y los símbolos son lo más apropiado para comunicar los misterios que trascienden palabras y conceptos.

Jesús, imagen del Dios invisible, es la Palabra hecha carne. Es una palabra no meramente conceptual sino encarnada, lo cual no dejará de tener, también, interesantes connotaciones para la misión de comunicar. El comunicador, a ejemplo de Cristo, habrá de ofrecer a la vista de su público palabras encarnadas, ideas visibles, haciendo perceptibles, por medio de la imagen, ideales y valores que de otro modo quedarían ignorados.

No deja de ser sugestiva, a este propósito, la enorme difusión que tienen en la actualidad los íconos orientales. Y es verdad que, a la hora de manifestar los misterios divinos, de comunicarlos de una manera expresiva y perceptible, los íconos confiesan y transmiten de manera misteriosa y real la epifanía del Invisible a través de lo visible: no sólo lo humano, no sólo lo divino, sino lo divino en lo humano.

En esta línea iconográfica podría acotarse aquí que el hombre, la persona humana, hecha a imagen y semejanza de Dios, creada y recreada en Cristo, es por ende también imagen o ícono de Dios para los demás, es *teofanía*, es medio de comunicación entre Dios y los hombres.

De alguna manera, el misterio del sacerdocio cristiano culmina esta comunicación, en tanto que por medio de él se realiza no sólo una comunicación de imagen y verdad, sino de vida. El cristiano en tanto que sacerdote es precisamente el puente comunicador de vida. El sacerdocio de los fieles garantiza para todo cristiano, en cuanto *cristóforo* y portador de la gracia, esta comunicación con Dios, con el Dios que se hizo hombre para que el hombre se haga Dios por la gracia. Los cristianos son hechos *espectáculo para el mundo* (1 Co 4, 9), medios de comunicación de lo sobrenatural. No solo en la Liturgia, sino de una manera permanente, habitual. Ellos hacen realidad aquel canto del Profeta al mensajero que anuncia la paz, que trae buenas nuevas, que anuncia la salvación (Is 52, 7).

Cristo enseña con su ejemplo también a escuchar, a ser perceptores atentos e inteligentes, capaces de comunicar lo visto y oído, como lo hicieron sus primeros discípulos.

Y cuando el pecado -como enseña el Génesis- rompió la comunicación, Cristo restableció el diálogo entre Dios y el hombre. Y este es también un hecho ejemplar, base para la comunicación de amistad restaurada entre las personas humanas. Cristo, único mediador entre el Padre y los hombres, consolida la paz y la comunión con Dios y la fraternidad entre las personas.

En adelante, el fundamento más sólido y el modelo supremo de comunión entre las personas humanas se encuentra en Dios hecho hombre, hecho comunión.

Cristo, revelador del Padre, y el único que podía hacerlo, es el comunicador amigo, que hace de la comunicación un testimonio de benevolencia: *Os he llamado amigos, porque todo lo que he oído a mi Padre os lo he dado a conocer* (Jn 15, 15). Nos llama amigos porque por medio de esta comunicación nos introduce en íntima comunión.

Para ello El hace suya la naturaleza de aquellos que debían recoger su mensaje, expresado por su palabra y por su modo de vivir. Él se hace presente y uno de ellos, adecuándose a su lenguaje y mentalidad. Y, con la Eucaristía, se da a sí mismo en la manera más ingeniosa y generosa. Y, por último, entrega su mismo Espíritu vivificador, principio de íntima y duradera comunión en la unidad.

b. Cristo-Eucaristía, signo de perfecta comunicación

Cuando llegó la hora de partir, y no queriendo que la comunicación establecida se interrumpiera, Jesús deja con la Eucaristía la forma más perfecta de unión aquí en la tierra. Porque es la realización de la comunión, de El con cada uno, de todos los comunicantes con Él y entre sí.

Como lo expresa un antiguo documento, de la misma manera que los granos de trigo, dispersos por las colinas, se unen para formar un solo pan, así se reúnen en la Iglesia sus miembros, venidos de norte y sur, de oriente y occidente,[50] para sentarse a la misma mesa fraternal.

Es la Eucaristía la que ayuda a superar las diferencias, a mirar con nuevos ojos al otro como a un hermano, a perdonar, a servir, a dar y darse sin esperar retribución. Porque así lo hace el mismo Cristo cada vez que se da bajo las apariencias sencillas del pan y el vino. Porque así será en la escatología, donde todos serán, cada uno en la singularidad de su propia personalidad, uno en el amor y en la posesión del Bien sumo.

Mientras tanto, en esta etapa donde aún no se lo posee plenamente, pero ya de alguna manera se lo disfruta, los seguidores de Cristo, alimentados con la Eucaristía -*Dios-con-nosotros*-, se integran formando un cuerpo. Cuerpo cuya cabeza es El, cuya animación es la presencia del Espíritu divino y cuya savia, podría decirse, es la disposición permanente a la comunicación entre los diversos miembros.

El Cuerpo Místico es, efectivamente, el hogar y la escuela de la comunicación más perfecta. Y la Eucaristía nos proporciona los medios. Si la Fe nos hace ver en el otro a un hijo de ese Dios Padre que se da en Cristo, la gracia sacramental nos ayuda eficazmente a entrar en comunicación con él sin dejarnos llevar por egoísmo alguno. Libres en Cristo, podemos entrar en un diálogo entre personas, con todo lo que ello implica de mutuo respeto e interés por el bien ajeno, por el bien integral de aquél que nos sale al encuentro.

La comunicación con Dios, en Cristo, es la verticalidad que sostiene el diálogo horizontal que Cristo ofrece y mantiene con cada uno dándose en la Eucaristía. Es lo que representa gráficamente la figura de la cruz, o mejor aún la cruz celta, en la que se dibuja un círculo en torno a su centro, imagen perfecta del círculo de amor que se manifiesta en la comunicación con Dios y en Dios entre los llamados a compartir la comunión intratrinitaria.

Dios, hemos dicho, crea a las personas humanas para la comunión. Y las quiere, por ello, aptas y abiertas a la comunicación. De esta manera Su propia imagen en el hombre puede reflejar, cada vez más dinámicamente, las perfecciones divinas. Él ha querido asociarnos a su propia obra haciéndonos, a la vez, mensajeros y dispensadores de los mismos bienes a los demás hermanos.

Pues bien, la Eucaristía va a expresar esa comunicabilidad y comunión en los bienes recibidos, especialmente en el don de Cristo que Dios hace y que los cristianos nos hacemos unos a otros en el culto común. La comunión eucarística va a significar y reforzar el congregarse de los cristianos en un preludio de la asamblea celeste. Dimensión eucarística, pues, de la vida eclesial, y dimensión eclesial de la Eucaristía que se convocan y se nutren mutuamente.

El cristiano, en comunión con los demás, comunica sus bienes. Los bienes materiales, y los bienes espirituales: su fe, por la cual ya comunicaba -estaba en comunión- desde el Bautismo y de la que es Testigo desde su Confirmación. Y en la Liturgia será uno de los comunicantes en el círculo de la comunicación social eucarística.

Luego, en el desempeño de su misión personal en la vida de su comunidad, la comunicación tomará los nombres de solidaridad desinteresada, de empeño constante por el progreso real e integral de los demás miembros y el todo social. De este modo para el cristiano que vive la Eucaristía la comunicación social será un movimiento constante hacia la comunión y el progreso.

c. Cristo comunicador del espíritu de comunión

Cristo, medio de comunicación, es medio de comunicación del Espíritu que lo une al Padre. Espíritu de unión por el amor, espíritu realizador de la comunión entre las personas.

Los cristianos participan, por medio de Cristo mediador, de ese espíritu divino, llamado también por san Pablo *espíritu de Cristo* (Rm 8, 9) o *espíritu del Señor* (2 Co 3, 17).

Ese Espíritu es la comunicación entre el Padre y el Hijo. El Padre comunica al Hijo su naturaleza, su vida y sus perfecciones, y el Hijo, imagen perfecta de su Padre, tiende a él en un eterno movimiento de mutuo amor.

El uno se da al otro, y ese mutuo amor que brota del Padre y del Hijo es, en Dios, un amor subsistente, una Persona distinta de las otras dos. La Escritura llama a esa Persona el Espíritu Santo (cfr. Lc 2, 25). Él es el término de la actividad interior en Dios, en la Trinidad. Él es Dios como el Padre y el Hijo del que procede, con igual naturaleza, igual conocimiento y poder, igual majestad y bondad, igual santidad.

Él es llamado Santo precisamente porque Él procede de las otras dos Personas a través del amor, y como dicho amor tiende a Dios, bien sumo y santidad absoluta, dicho amor es santo de manera insigne. Por ello el amor que en Dios es una Persona distinta, es un amor eminentemente santo. Por consiguiente, el Espíritu que personifica tal amor es santo.

Espíritu de santidad, es santificador, como se ve de manera eminente en la Anunciación: *el que ha de nacer será santo...* (Lc 1, 35). Cristo, por infusión del Espíritu Santo, posee la gracia que santifica plenamente su humanidad. Él va a actuar bajo la acción del Espíritu Santo, es decir movido por el Amor divino, haciendo el bien a los hombres por doquier, agradeciendo al Padre por Su bondad y, culminantemente, ofreciéndose a Él por ellos en sacrificio.

Ahora bien, ese Cristo lleno de gracia la comunica a sus discípulos, comunicándoles el Espíritu que es causa de la gracia. Ese es el Espíritu que santifica y une a las personas singulares en el amor al Padre de todos, enseñándoles a dirigirse a Dios como sus hijos (cfr. Rm 8, 15). Porque *Dios ha enviado a nuestros corazones el Espíritu de su Hijo* (Ga 4, 6), de manera que podamos dirigirnos a Él como a un Padre.

En Cristo, por medio del Espíritu que Él proporciona, los cristianos son uno, un edificio, un solo templo de Dios, un mismo cuerpo. Toda la vida del cristiano radica en esta inhabitación en él del espíritu de Dios: el que no posee el Espíritu no es cristiano. Y la vida comunitaria no escapa a esta regla. Es este mismo Espíritu, comunicado por Jesús, el que constituye y mantiene la intercomunión vital entre las personas. Si el egoísmo, el pecado, hizo que los hombres no se entendieran al hablar cada uno su idioma, en la confusión de Babel, ahora el Espíritu Santo hace que las maravillas de Dios y sus designios se proclamen en todos los idiomas y se produzca la comunión.

Pues bien, Cristo en el Evangelio, especialmente en el de san Juan, se muestra repetidas veces en esta acción de animar la comunidad de los suyos con el espíritu santificador. Pero es en la última cena con los Apóstoles cuando esta comunicación es culminante. Allí, reunido con los que Él llama sus amigos, y precisamente porque son aquellos con los que Él ha comunicado más profundamente, Él les habla del Padre y les habla del Espíritu. Allí Él les dice que el Espíritu tomará Su lugar entre ellos una vez que Él ascienda a los cielos. Y será ese mismo Espíritu el maestro que les enseñará todo lo que ellos necesitarán conocer.

Ello sugiere la gran necesidad que tiene todo cristiano de recibir el Espíritu. Él es tan necesario que Jesús ruega especialmente a su Padre que el Espíritu descienda sobre sus discípulos y permanezca en ellos. Y dicha plegaria fue escuchada, como lo atestigua la escena de Pentecostés. Ese día, por medio de la comunicación de Cristo, el Espíritu Santo desciende sobre la Iglesia naciente y toma posesión de ella, como una animación interior se apodera de un cuerpo. Desde entonces, gracias a la comunicación operada por Cristo, el Espíritu Santo guía e inspira a la Iglesia, la guarda en la unidad, en la verdad y en la luz que Él le dejara.

Él va a llenar el vacío dejado por Jesús entre los suyos. Él va a interceder por ellos ante el Padre, como lo hiciera Jesús, o aun ante los tribunales humanos. Él les hará comprender plenamente el sentido de la misión de Cristo y su misteriosa personalidad, así como el sentido de sus parábolas.

A algunos, particularmente, Cristo va a comunicar el Espíritu para asociarlos más íntimamente a Su misión. Y ello de tal manera que será el Espíritu Santo comunicado por Jesús el que va a hablar por medio de ellos, el que los discípulos de Jesús van a comunicar a los demás, a su vez (cfr. Jn 15, 26-27).

Esa comunicación del Espíritu va a cobrar nueva dimensión con la distribución de los sacramentos. Ellos no van a ser conferidos sino por la invocación del Espíritu Santo. Esa comunicación será un *nacer de nuevo de agua y de Espíritu* (Jn 3, 5) para entrar en el Reino. Será un *renovarse* en el Espíritu. Será un recibir, con el Espíritu, la *unción* de los testigos de Jesucristo, el *perdón* de los pecados. En fin, en el sacramento del *matrimonio* la comunicación del Espíritu permite a los desposados imitar la unión que existe entre Cristo y la Iglesia.

En todo lo que hace al dinamismo de la Iglesia el Espíritu es vital, es el *espíritu que da la vida* (Rm 8, 2). Así lo atestigua, con incesante gratitud, la Iglesia, profesando su fe en el Espíritu vivificador. Al comunicarle el Espíritu, Cristo dio a su Iglesia el alma, el principio animador y unificador. Es el Espíritu quien gobierna a la Iglesia, une sus miembros a pesar de cualquier diferencia, los fortifica y llena de gozo en la caridad.

Todo ello fue particularmente evidente a los comienzos. Era necesario que ella se manifestara, frente al mundo pagano que la rodeaba, como verdaderamente fundada por Dios. Y así lo hizo, con signos maravillosos e inconfundibles de la divinidad de su misión. Y esos signos no eran sino nuevas y repetidas comunicaciones del Espíritu que Jesús había prometido. Oportunos carismas, en forma de dones de profecía, de curaciones, de lenguas, etc., que, al decir de san Pablo a los Corintios, provienen del mismo *Espíritu de amor* (I, 12, 9).

Esa comunicación del Espíritu de amor por parte de Jesús hizo santa y fecunda a la Iglesia, y la hará fecunda hasta el fin de la historia, para bien de toda la humanidad. Desde entonces el Espíritu comunicado por Jesús habita en cada cristiano, integrándolo, por así decir, como persona libre y singular, en la vida o en el círculo de amor entre el Padre y el Hijo, y ello por toda la eternidad.

De este modo Jesús, comunicador del Espíritu, siembra y sostiene la comunión entre las personas humanas, a imagen y semejanza de la comunión intratrinitaria. Espíritu que es fuente viva, como el río del que habla el salmista, cuyos brazos alegran, sostienen y santifican la ciudad de Dios (46, 6).

V - EL CRISTIANO EN LA COMUNICACIÓN

¿Cómo ve el cristiano el vasto mundo de la comunicación?

Intentemos replantear algunas de las características más notables de la comunicación en el mundo moderno, tal como el cristiano la encuentra, la valora y asume, en vista de un empeño personal respecto de los medios de comunicación.

1. EL CRISTIANO *ANTE* LOS MASS MEDIA

a. La comunicación social, un signo de los tiempos

El fenómeno actual de la comunicación tiene características y repercusiones que transforman su misma entidad. No se trata ya simplemente de la posibilidad ilimitada de reproducción que brinda, por ejemplo, la imprenta. Es un hecho prácticamente nuevo, respecto de la realidad anterior de la comunicación.

Los rasgos de esa transformación, de evidentes connotaciones con la vocación del cristiano y de todo ser humano a la comunión espiritual interpersonal, son, entre otros:

· la variedad, velocidad, inmediatez y extensión de los sistemas de comunicación, que crean como una sutil red de comunicación que somete a dura prueba la vocación y la necesidad de toda persona de abrirse en silencio a la contemplación.

· el predominio de la imagen, que tiende a reemplazar el lenguaje conceptual y escrito, con sus recursos de sugestión más o menos consciente y con su innegable eficacia comunicativa.

· la necesidad subjetiva de los medios de comunicación para la mayor parte de nuestros contemporáneos, sea para conectarse, para mantenerse informado, para entretenerse, o para completar la propia educación;

· el poder que ejercen los medios y sus asombrosos recursos para la difusión ideológica, la manipulación política, la venta comercial, así como para la educación, el progreso y la comunión.

Variedad y velocidad, extensión y poder, necesidad, son algunos de los términos en que el cristiano ve debatirse en la actualidad la comunicación social.

b. Los MCS en la apreciación eclesial

Por lo que hace a la doctrina y a la práctica oficial de la Iglesia, ella es consciente, en primer lugar, de las enormes posibilidades que ofrecen estas *maravillosas expresiones del genio humano*.[51] Ya en el Documento conciliar *Inter Mirifica*, recordaba S. Juan Pablo II, los medios de comunicación son descriptos como maravillas de la tecnología que Dios ha consentido al genio humano de descubrir en la creación. Pudiendo poner en contacto los pueblos del mundo entero, pueden muy bien ser los mensajeros de la buena nueva de Jesucristo.[52] Y ésta ha sido la posición eclesiástica permanente, como puede desprenderse de los principales documentos referidos directa e indirectamente al tema.[53]

Ellos constituyen, en segundo lugar, para los últimos documentos oficiales, una promesa y un desafío en este momento de la Historia de la Salvación. Es, insisten, la hora de la imaginación y de la creatividad en un campo fértil, de ilimitadas posibilidades. Por ello el Magisterio eclesiástico alienta a su empleo de una manera inteligente y decidida, exhortando a los cristianos a comprometerse en su utilización apostólica. Si es verdad que a todos los hombres de buena voluntad corresponde el derecho a servirse de ellos y a disfrutar de sus beneficios, también a la Iglesia corresponde el derecho natural de usar y de poseer todos los instrumentos de este orden para la educación cristiana de las almas y su salvación.[54]

En tercer término, dada la ambivalencia moral que de hecho suponen los MCS, la Iglesia recuerda la primacía del orden moral objetivo que ha de respetarse en su empleo, para cooperar con la vocación de las personas a su perfección y bienaventuranza. En general, valen para los MCS los principios doctrinales que en la visión cristiana regulan la vida social de los hombres. La primacía del orden moral objetivo -afirma el Magisterio- ha de ser aceptada por todos absolutamente pues solamente el orden moral abarca, en toda su naturaleza, al hombre, hechura racional de Dios y llamado a lo sobrenatural, y cuando tal orden moral se observa íntegra y fielmente, lo conduce a la perfección y bienaventuranza plena. Por eso, concluye, conviene que todos los que se sirven de los MCS conozcan esas normas de orden moral.[55]

c. La valoración teológica del fenómeno

De acuerdo con todo lo dicho, la validez y moralidad de una comunicación dependerán no solo de su contenido, ni solamente de la intención de quien lo comunica, sino también de la manera en que ella viene comunicada, de los modos y medios de persuasión y demás circunstancias. Como para cualquier juicio moral, hay que considerar al hombre en su totalidad, el valor trascendente de la persona, y a la vez las características de la comunicación social y de sus instrumentos.

En base a estos datos de la ética o filosofía moral natural, y con el aliento del Magisterio, ¿qué va a decir la teología?

Con la voz de la Iglesia como referencia, y volviendo los ojos a esa realidad cuyas características más notables acabamos de esbozar, podemos decir en primer lugar, como un eco del libro del Génesis, que el mundo de los MCS *es bueno*. Responden a una intención de Dios y a una realización de su plan sobre los hombres en la historia.

La valoración de los medios de comunicación social será positiva, agradecida y alentadora. Es la obra del hombre, en efecto, que coopera con Dios creador y somete la tierra y los espacios.

Y ésta es la actitud de la Iglesia, a juzgar por la aplicación que hace CP de los textos bíblicos, en la línea del documento conciliar *Gaudium et Spes*.[56]

Si penetramos algo más en el significado, para la Fe, de los MCS como signo de nuestro tiempo, lo primero que aparece a los ojos del cristiano es el progreso en la sumisión de la creación que Dios pone en las manos de la persona humana.

Luego, la solidaridad que Dios quiere entre los hombres ya cuenta con nuevas posibilidades. La riqueza cultural y espiritual de unos puede llegar más fácil, rápida y ampliamente a otros. La carencia material de unos es más patente para la disposición generosa de los demás. Es decir, la participación de bienes puede surgir ante el conocimiento mutuo de necesidades y posibilidades.

Es el campo ilimitado de actuación para quien, animado de espíritu cristiano, quiere infundir el Evangelio y, en particular, ese espíritu de cristiana solidaridad en el vasto mundo de los mass media. Para quien se sabe capaz, con la gracia de Dios, de cooperar redimiendo, animando, compitiendo, ...*instaurando en Cristo*.

2. EL CRISTIANO *EN* LOS MASS MEDIA

a. Oportuno testimonio

El cristiano no se conforma con una posición de positiva apreciación de los MCS, sino que se dispone, si le toca la actuación en medio de ellos, a constituirse en un activo animador. En ellos él va a ser testigo de los valores que lo guían como persona singular.

Hemos hablado de la interdisciplinariedad que se espera de un comunicador competente, y de la necesidad de una formación incluso teológica dadas las circunstancias de su desempeño profesional. Pues bien, su testimonio como cristiano se lo exige, para estar a la altura de su vocación.

Testimonio, ciertamente, de gran oportunidad. El mundo de los medios de comunicación habla de una escala de valores que hay que reorientar. Y habla también de una ausencia sentida, de una búsqueda, de una cierta nostalgia por lo que está visto que no se encuentra siguiendo otros rumbos, por más redituables que sean en otros niveles. Esto supone en el cristiano el reconocimiento *profético* del mal que hay en él, que es mucho y de graves consecuencias. Hay que distinguir, pues, entre lo que es un noble esfuerzo de comunicación y lo que es perversión; entre lo que es comprensible imperfección y lo que es abuso e incluso rechazo de la verdad, la bondad y la belleza; entre lo que es crudo, pero puro, y lo que es obsceno y negativo.

El cristiano no puede entregarse sin más a lo que se ofrece en nombre de la comunicación, ni consentir en el desprecio y en el sometimiento de la persona humana.

El comunicador cristiano está llamado a ser, como tal, a la vez testigo y servidor. Lo pedía claramente S. Juan Pablo II a un grupo de periodistas católicos,[57] exhortándolos a ser testigos, historiadores y cronistas del mundo, poniendo a la luz, con objetividad y según el grado de importancia que comporte los hechos, las aspiraciones, los sufrimientos y las exigencias de los hombres, con los signos de esperanza que brotan de los acontecimientos. Testigos de la verdad, de la justicia y de todos los valores morales y espirituales que ennoblecen al hombre. Testigos y también servidores de los hombres, no ciertamente para secundar sus pasiones y para decir lo que les agrade, sino más bien para indicar el camino hacia su crecimiento humano...

b. Animación redentora

Pero, una vez denunciadas las falencias no es tarea fácil precisar la ruta renovadora. Hay que preguntarse entonces por la actitud del cristiano profesional de los MCS, del hombre de Fe que quiere hacer de su trabajo un culto a Dios y un servicio a las personas, una oración y una obra de redención para sí y para los demás.

En principio, suya es la vocación, dictada por las circunstancias, de animar de espíritu cristiano el trabajo y el contenido de los mass media, sirviendo desde ellos a la verdad y a la unidad, a la causa de la comunión, del progreso y de la paz.

Porque si el juicio de valor sobre el instrumento es positivo, y si el hecho de la moderna comunicación social abre enormes y variadas posibilidades para la comunión interpersonal y la participación en los bienes espirituales y materiales, el cristiano debe prestar su colaboración gozosa y activa.

Si es también verdad que, como se ha visto, el actual empleo de los MCS no es siempre constructivo y digno de la persona humana llamada a una vida superior, el cristiano debe hacer como hizo Cristo con lo que El vino a encontrar. Esto es, *empeñarse en su redención, por amor y con sacrificio.*

Por amor, porque es el hombre el que está de por medio, porque es la persona la protagonista del proceso, la que se enriquece o se empobrece, la que se enaltece o se degrada.

Y con sacrificio, porque supone aprendizaje y trabajo, renunciamiento e incomprensiones, a la vez que el gozo de la realización de la propia misión.

c. Responsabilidad histórica

Medios de comunicación auténticamente puestos al servicio de la persona, en nuestro siglo, no costarán sino *dolores de parto*, como la redención de la que habla san Pablo (cfr. Ga 4, 19.). Pero esa es la responsabilidad urgente e irrenunciable del cristiano en este momento de la historia de la salvación.

Es todo un campo de actividad el que hay que animar de espíritu cristiano, respetando su autonomía y participando lealmente en su competitividad. En este sentido, la llamada *prensa católica* debe ser no solo católica -respetuosa de los principios cristianos-, sino acabadamente *prensa*, es decir eficaz, atractiva, merecedora de un vasto público no solo por la Fe que la anima sino por su competencia técnica y profesional.

Así los católicos podrán cumplir una muy oportuna función y misión de servicio desde los *mass media*, ante todo desempeñándose en su oficio con competencia, dando testimonio de buenos técnicos y colaboradores en los ambientes en los que trabajen. Y luego, no perdiendo oportunidad de hacer conocer el pensamiento católico sobre las cuestiones que se vayan planteando durante dicho desempeño.

Recordando lo expresado a propósito de los abusos en el empleo de los medios de comunicación, la función profética del cristiano sabrá encontrar la manera y la oportunidad de contribuir con su reclamo a esa tarea de purificación y redención que el mundo de los media debe emprender y que el hombre moderno necesita para su salud espiritual. También en el terreno de los mass media es necesario liberar al hombre del pecado, que ha entrado en la historia del género humano con la caída original. En cuanto a esto, nadie queda exento de la función *bromatológica.* Y de este modo surge aquí a la responsabilidad del cristiano todo un campo de actividad también en la difusión de criterios, para ayudar a los demás a ser *perceptores críticos* frente a lo que se les ofrece.

El cristiano, consciente de la dignidad de la persona, será un animador acabado de los MCS si sirve a los demás preocupándose de su bien espiritual de una manera eficaz y constante, con clara conciencia de sus deberes de profesional, de profesional de los mass media, de profesional cristiano.

d. El comunicador ejemplar

S. Juan Pablo II ofrece a los agentes de la comunicación una suerte de retrato del comunicador ideal. Hablando de las virtudes de los comunicadores católicos, les pide en primer lugar la integridad personal propia de quien debe ser, de alguna manera -como el Arcángel Gabriel-, un *anunciador* de la divina palabra. Luego les recuerda la necesidad de su competencia profesional, en un mundo competitivo y exigente como el de los mass media. Y, como operadores católicos de la comunicación, les pide ser intrépidos en la presentación y defensa de la verdad, dando testimonio de verdades aun impopulares y de necesidades y situaciones planteadas por tragedias naturales o por cualquier negación de los derechos humanos.

Por último, en calidad de testigos de su bautismo los comunicadores católicos pueden ayudar efectivamente a propagar la buena nueva, que millones de personas profesan en el mundo con sus palabras y con acciones ejemplares. Darlos a conocer, promocionar historias dignas de interés y vidas dedicadas al servicio desinteresado de los demás, puede ser un servicio alentador y muy oportuno. Tales ejemplos, afirma el Pontífice, no quedarán en la sombra si comunicadores competentes e imaginativos hacen conocer su historia a un mundo que tiene necesidad de ejemplos de heroísmo y de esperanza.

Pero, en tanto que católico, es en la profesión de la fe que el comunicador católico debe exceder los mensajes ofrecidos por otras personas de buena voluntad que no la comparten. Es la Buena Nueva de Jesucristo lo que se espera de un cristiano, con valentía frente a las contradicciones, con sentido de oportunidad y sana prudencia frente a las situaciones que se le ofrecen.

Tal ha sido la actitud ejemplar de comunicadores de la Fe, y, afirma el Papa, en nuestra época el bienaventurado Titus Brandsma ha dado su vida como sacerdote y como periodista por la defensa de los derechos y de la dignidad de cada persona y en testimonio de su fe en Jesucristo.[58]

3. EL CRISTIANO *CON* LOS MASS MEDIA

Una valoración teológica positiva, *ante* los MCS, nos llama a una actitud de activos animadores *en* el trabajo cotidiano de los mass media y suscita en los cristianos el empeño evangelizador *con* los medios de comunicación social.

En otras palabras, desde esa fundamental aceptación del hecho de la comunicación y de las posibilidades de los sistemas modernos, como de un don de Dios, surge la disposición a tomar *parte activa en la tarea,* como personas conscientes de la dignidad de los semejantes y *como miembros vivos de la Iglesia.*

a. Transmisores del mensaje

Parte activa, y parte inteligente, frente al trabajo de adaptación de un mensaje como el del Evangelio a un público como el que hoy sostiene y disfruta de los MCS. Trabajo que requiere una frecuente adaptación de usos y costumbres tradicionales a una mentalidad nueva.

Es decir, para *servirse* de los mass media para la difusión del mensaje cristiano de una manera eficaz será preciso, por una parte, conocer los MCS, y, por otra, lograr que el mensaje evangélico sea presentado de una manera que corresponda a la sociedad y a las personas que participan de la cultura *mediática*.

El mensaje, para que una comunicación cualquiera sea un hecho, ha de hacerse inteligible. Y esto vale también, evidentemente, para el mensaje evangélico. La cuestión es entonces conservar el mensaje idéntico a sí mismo durante la trasmisión a un público que exige la renovación del medio. Los jóvenes, por ejemplo, que salen en multitudes de las salas cinematográficas a donde acuden para romper la monotonía de la pantalla hogareña, tienen derecho, de alguna manera, a recibir la doctrina de Jesús de una manera que ellos entiendan, asimilen y disfruten.

Por otra parte, los MCS han puesto de relieve los diversos recursos expresivos con que cuenta el ser humano, y que la técnica del cine -para continuar con este medio- emplea con innegable suceso. Lo cual demuestra que el ser humano posee diversas puertas de acceso a su interioridad, y muchas de ellas están más presentes en el mundo de los entretenimientos que en el de la difusión religiosa o cultural en general.[59]

En el vasto terreno de aprovechamiento pastoral de los mass media hay muchas zonas todavía inexploradas. Y si ayer la Iglesia supo embarcarse en la *galaxia de Gutenberg*, imprimiendo la Biblia y divulgando la teología, la espiritualidad y la literatura cristianas, hoy debe tripular la cultura electrónica para transmitir el mensaje de Jesús a los hombres de la civilización audiovisual. No podemos olvidar que la web, el cine, la radio y la televisión son la *escuela paralela* que está conformando la mentalidad de las nuevas generaciones.

También será una meta, en la actividad del cristiano que quiera utilizar pastoralmente los MCS, el encontrar en ellos más espacio de afirmación pública para la existencia religiosa. Esto es, superar los problemas que enfrenta modernamente la información religiosa.

Repetidas veces se han puesto de manifiesto el prejuicio y el menosprecio frente a los problemas de índole religiosa, así como una siembra de desconfianza en la Iglesia como institución, y la mentalidad que considera a la Fe y la religión como algo históricamente superado.

En relación con esas dificultades, que enfrenta el hecho religioso para ser acogido de una manera inteligente y objetiva, el comunicador cristiano cumplirá un servicio eminente al asistir a los demás profesionales de la comunicación para que no pasen por alto ni descuiden los eventos religiosos, a lo largo de su labor, y sepan darles su lugar satisfaciendo el interés de un público que lo desea y tiene derecho a ello.

Por último, será también una tarea de gran oportunidad el contribuir a mostrar en la pantalla, de alguna manera, el verdadero rostro de Dios, contrabalanceando el efecto negativo que produce en la actualidad la así llamada y ya mencionada *Iglesia Electrónica*.[60] Cuando se predica por TV que Dios concederá todos los bienes materiales que se quiera con sólo invocar su nombre y enviar al predicador un cheque, el fracaso de un Dios-mágico así publicitado sumergirá a muchas personas aún más profundamente en el estado de duda y de alienación en el que se hallaban.

Su tarea será mostrar a un Dios providente y paternal, con más de madre que de máquina, cercano y accesible, pero siempre trascendente.

b. Al servicio de la verdad y la unidad

El comunicador encontrará en la doctrina cristiana elementos suficientes para hacerse una completa composición de lugar respecto del mejor desempeño de su misión de servicio. De servicio a la verdad, de servicio con la verdad oportuna a su público, al progreso y la comunión en la sociedad entera. Sus responsabilidades cobran mayor claridad si a tales cualidades él agrega lo que le aporta la Fe, con su nueva luz y sabiduría.

Porque el periodista creyente que se sienta a la máquina no puede despojarse de su sentido de la trascendencia, de sus hábitos religiosos, de su moral. Ha de amar la verdad. Ha de procurar, por amor, servirla con humildad y con eficacia. Será mejor periodista ofreciendo la verdad.

De lo que tiene que dar especial cuenta el periodista creyente es de su identidad indisoluble: adorador de *Dios, que es amor, y es verdad, y es comunicación.* Ninguna de estas dimensiones le permitirá dejar de ser hombre: criatura de Dios y hermano con toda persona humana.

Podríamos aplicarle las palabras del Apóstol Pablo, cuando escribe: *si proclamas con tu boca* (con tu pluma, con el medio que sea) *a Jesús y crees que Dios lo resucitó de entre los muertos, serás salvo. Pues con el corazón creemos para obtener la justificación. Y con la boca* (con la palabra, con la imagen, con cualquier MCS inventado o por inventar) *hacemos profesión de nuestra fe para alcanzar la salvación* (cfr. Rm 10, 8-10).

Así se integra en la comunicación inaugurada por Dios mismo, encarnada en Cristo Comunicador y continuada por los Apóstoles, cuya sucesión se prolonga en la Iglesia hasta nuestros días y continuará hasta el fin de los tiempos.

Se trata pues de *hacer verdad* y, cuando es el caso, de tomar la palabra de Dios y revestirla de imágenes, ponerla en tipos de imprenta, *procesarla*, y enviarla al mundo que la necesita y espera.

Es un hacer como la Virgen, que lo dio al mundo con todo lo que Ella pudo ofrecer. Es ser precursor, como san Juan, preparando los caminos del Señor, y desbrozando en lo posible al mundo de las noticias de prejuicios y demás obstáculos para la siembra propiamente dicha.

Su rol será crucial en la moderna tarea, urgente para los católicos, de re-unir Fe y Cultura. Si ha recibido el don de la Fe, y ha logrado una posición de tanta relevancia en la formación de la opinión pública, podrá cumplir tal servicio como una forma de devolver a Dios y a la comunidad que lo escucha lo que de ellos ha recibido.

Comunicar la verdad que libera es, en efecto, un servicio eminente de caridad, tal como lo quiere san Pablo, *haciendo verdad en caridad*. Y esto es también un mandato divino, el de comunicar la verdad hasta los confines de la tierra (cfr. Mt 28, 18-19).

Los mass media ofrecen una magnífica oportunidad para comunicar *desde lo alto de las azoteas* lo que se ha recibido en el oído (Mt 28, 18). CP se basa en esta realidad para urgirnos a utilizar los mass media para la predicación del Evangelio,[61] en la línea del decreto conciliar Inter Mirifica.

Al decir *verdad*, en el contexto de la comunicación social, se entiende *una información objetiva que responde a las cosas y a los hechos* tal como son, sin los defectos analizados al hablar de la mentira. Desde un punto de vista teológico moral, se trata de cumplir lo que pide el octavo mandamiento, que no es más que una de las aplicaciones del amor a los demás. Un hijo de Dios, que es *lleno de gracia y de verdad* (Jn 1, 14), debe amar la verdad, buscarla siempre y compartirla. La mentira viene del demonio, *padre de la mentira*, y esclaviza. Solo la verdad hace a las personas verdaderamente libres.

El amor a la verdad lleva consigo no sólo acomodar a ella la propia vida sino también comunicarla a otros por medio de la palabra y del testimonio de vida, de tal modo que la buena noticia del Evangelio, que es la única verdad completa y salvadora sobre el hombre, sea conocida y -ojalá- acogida por todos. Todo hombre por ser inteligente y sociable -y con más razón el cristiano, por ser discípulo de la verdad- está obligado a decir siempre la verdad, aun sobre cosas de poca importancia, y ha de merecer que se le respete siempre por su palabra.

Siguiendo el ejemplo de Jesús, que es *el Camino, la Verdad y la Vida* (Jn 14, 6), el comunicador que informa de acuerdo a la verdad está glorificando a Dios en la imitación de Jesucristo. Y cuando, de acuerdo a un prudente criterio de selección de la información, informa de lo bueno que ocurre en el mundo -y no únicamente de lo sensacional y negativo- se está también imitando a Aquél que trajo al mundo la Buena Noticia de la salvación, de sus milagros, de la esperanza cristiana.

Por último, así como la comunicación puede promover la verdad, el bien y la belleza, así también sirve a la causa de la unidad.[62]

Comunicar quiere decir, en efecto, hacer-común, compartir con el todo lo que es de algunos, haciendo a todos uno en el bien compartido. Gracias a la comunicación el mundo entero puede compartir un acontecimiento y unirse en su disfrute, sea el evento que fuere y sea el que fuere su provecho: un encuentro deportivo, un nuevo éxito espacial o la Misa del Papa en nochebuena.

Pero no está de más llamar otra vez la atención sobre la trascendencia y el poder del medio que se está utilizando: un mensaje trasmitido al mundo promueve o va en desmedro de la unidad del género humano. Un comentario sobre los hechos de tal o cual grupo puede provocar respecto de él la simpatía o la marginación, la adhesión masiva o la desconfianza y el odio. Y, en términos teológicos, de alguna manera Dios depende de los agentes de la comunicación para suscitar en los demás buenos sentimientos.

Ellos, en tanto que tales, pueden constituirse en los *parlantes* de Dios para trasmitir los mensajes que Él quiere hacer conocer y compartir al mundo, mensajes de revelación y redención, de Su bondad, belleza y verdad. Está en ellos, los comunicadores, decidir o no *publicarlos*.

CONCLUSIÓN

De esta manera, a la luz de la doctrina sobre la persona y su dignidad, hemos recorrido el mundo de la comunicación en general y de los MCS en particular.

Hemos analizado y reconocido el valor y la perfección propia de dichos medios, a saber el de permitir a las personas tender las líneas de la *común-unión*. Comunión posible de bienes, de valores, de sí mismo. Comunión de amor.

La primera parte ha servido como base técnica y sociológica, para un análisis de tipo moral. Base necesariamente breve e incompleta, pero suficiente para dar una referencia concreta para la reflexión que se había proyectado. El juicio moral al final de dicha sección ofrece una aproximación positiva a nuestra conclusión final.

La doctrina de la persona parecía una clave muy apropiada para iluminar esa realidad contemporánea en la que entran en juego, como se ha intentado poner de relieve, valores psicológicos y espirituales, valores culturales, aspiraciones y logros legítimos y definitivos.

Es ella la principal protagonista del vasto mundo de la comunicación social, antes y más allá de los recursos técnicos, desde un primitivo tam-tam a la prodigiosa web. Todo debe ser para la persona, imagen de Dios, a semejanza de la vida intratrinitaria.

En la comunicación social se trata no solamente de un intercambio de informaciones sino de una palabra que es también, y sobre todas las cosas, un don de sí. La meta de la comunicación social es y ha de ser, a semejanza de la establecida por Cristo, comunicación de vida, de luz y de belleza, del bien en sus diversas manifestaciones: la paz, la unidad, el progreso de la comunidad de las personas.

La visión teológica ha intentado esta iluminación, si bien el resultado deja algunos capítulos a la espera de un mejor desarrollo.

La conclusión del trabajo es, pues, que tal meta, la finalidad de unos MCS al servicio de la comunión y el enriquecimiento personal es, en Cristo, de alguna manera un hecho. Cristo es comunicación vital que reconoce a la persona y se le brinda, en un movimiento de amor que une y eleva. Que eleva a ambos miembros de la comunicación hacia el Padre.

Y ese ejemplo de Cristo, al que hemos presentado como perfecto comunicador y maestro de comunicación, incita y desafía a todo agente de la comunicación a hacer de los MCS efectivos vínculos de comunión y enriquecimiento interpersonal. Y a la vez interpela al que la recibe a asumir su responsabilidad como perceptor no solo crítico sino también solidario y generoso.

Depende de las personas conscientes el asumir el desafío y encarnar, una vez más, esa intención divina.

En la terminología de los MCS, depende del público de los mass media el asumir como personas su plena responsabilidad, e instaurar, con los agentes comunicadores, una nueva era de mayor comunión y participación.

Y ese es también el privilegio de los tiempos modernos. El nuevo milenio sugiere un recomienzo. Un nuevo empeño de humildad y esperanza, por reorientar al servicio auténtico de la persona instrumentos técnicos que han conocido riesgos y abusos.

Un empeño, pues, por restaurar la virginidad del lenguaje, la pureza de los signos, la omnipresencia de la confianza en el mensaje y en su medio. El de servir con los maravillosos e incesantes avances de la tecnología, no a la des-personalización sino, fielmente, a la comunión y al progreso de las personas.

Servicio, éste, sin duda, eminente y oportuno de caridad.

¿Quién sabe si la comunicación no se convertirá en uno de los nombres modernos de la caridad cristiana? ¿Quién sabe si el movimiento originado por la comunicación social no se integrará en la dinámica del salir de sí en favor del otro, del otro con el cual se entra en relación, en una inicial comunión?

Dios, desde la *comunión* intratrinitaria, nos llama a formar una comunidad en la Fe, la Esperanza y la Caridad. Si hemos recibido el *fuego del Espíritu* y queremos vivirlo y disfrutarlo, debemos salir a compartirlo por todos los medios.

Los MCS son medios maravillosamente eficaces para la *misión* propia del siglo XXI, y por tanto sería un pecado no utilizarlos pudiendo hacerlo.

¡Ay de nosotros si no evangelizamos por medio de ellos..!

Quiera Dios que este ensayo nos mueva no sólo a *consumirlos* con mesura, sino también a *transmitir* por medio de ellos con santa audacia. Y, luego, como base para enseñar a los demás esta ascética y uso apostólico de los MCS.

BIBLIOGRAFÍA

I. DOCUMENTOS DEL MAGISTERIO ECLESIÁSTICO

1. Documentos de la Santa Sede

CATECISMO DE LA IGLESIA CATÓLICA, Asociación de Editores del Catecismo, Madrid, 1992.

CODIGO DE DERECHO CANONICO, BAC, Madrid, 1983. Libro III, Título IV: *De los instrumentos de comunicación social y especialmente de los libros*, cánones 822-832, pp. 761, 772.

CONCILIO VATICANO II, Documentos, Decretos, Declaraciones, BAC, Madrid, 1966.

DOCUMENTI PONTIFICI SULLA STAMPA (1878-1963), Radio Vaticana, Roma, 1964.

S. JUAN PABLO II, *Discurso Inaugural de Puebla*, en *La Evangelización en el presente y en el futuro de América Latina, Documento de Puebla*, Paulinas, Buenos Aires, 1979.

S. JUAN PABLO II, *Los mass media, instrumentos de unidad y de caridad, Alocución a la Pontificia Comisión para las Comunicaciones Sociales* (O R, 13-III-85).

S. JUAN PABLO II, *El periodista, hombre de la verdad* (O R, 1-III-86).

S. JUAN PABLO II, *La comunicación social al servicio de la justicia y la paz* (O R, 8-II-87).

S. JUAN PABLO II, *Carta Apostólica "Duodecimum Saeculum"* (O R, 7-II-88).

S. JUAN PABLO II, *Independencia y rigor en el servicio a la verdad* (O R, 1-III-88).

S. JUAN PABLO II, *Carta Apostólica "Euntes in Mundum"* (O R, 22-III-88).

S. JUAN PABLO II, *Los medios de comunicación deben defender los derechos del hombre* (O R 22-III-88).

S. JUAN PABLO II, *Sollicitudo rei socialis*, PPC, Madrid, 1988.

S. JUAN PABLO II, *Exhortación Apostólica "Christifideles Laici"*, PPC, Madrid, 1989.

S. JUAN PABLO II, *La religión en los "mass-media"* (O R, 5-III-89).

S. JUAN PABLO II, *La verdad, fuente y criterio de la libertad de información* (O R, 2-IV-89).

S. JUAN PABLO II, *El anuncio del evangelio en la actual cultura informática* (O R, 11-III-90).

S. JUAN PABLO II, *Centessimus annus*, PPC, Madrid, 1991.

S. JUAN PABLO II, *Es necesaria la presencia de la Iglesia en los MCS* (O R, 8-III-91).

S. JUAN PABLO II, *Redemptoris missio*, PPC, Madrid, 1991.

S. JUAN PABLO II, *Todos los hombres tienen derecho a escuchar el mensaje de salvación de Cristo* (O R, 31-I-92).

S. JUAN PABLO II, *Casetes y videocasetes en la formación de la cultura y de la conciencia* (O R, 5-II-93).

S. JUAN PABLO II, *Pastores y fieles católicos deberían protestar contra los programas moralmente censurables* (O R, 19–III–93).

S. JUAN PABLO II, *Iluminar las conciencias y dar a conocer la verdad de los hechos* (O R, 14-V-93).

S. JUAN PABLO II, *El rápido desarrollo* a los responsables de las comunicaciones sociales, 2005.

Compendio de Mensajes de las Jornadas Mundiales para las Comunicaciones Sociales, (1967-2007), en Catholic.net: http://www.es.catholic.net/ comunicadorescatolicos/ 576/2525/articulo.php?id=32950.

PONTIFICIO CONSEJO PARA LAS COMUNICACIONES SOCIALES, Instrucción Pastoral *Communio et Progressio*, Paulinas, Madrid, 1971.

PONTIFICIO CONSEJO PARA LAS COMUNICACIONES SOCIALES, *Pornografía y violencia en las comunicaciones sociales: una respuesta pastoral* (O R, 4-VI-89).

PONTIFICIO CONSEJO PARA LAS COMUNICACIONES SOCIALES, *Criterios de colaboración ecuménica e interreligiosa en las comunicaciones sociales,* PPC, Madrid, 1989.

PONTIFICIO CONSEJO PARA LAS COMUNICACIONES SOCIALES, *Aetatis novae* (O R, 20-III-92).

SAGRADA CONGREGACION PARA LA EDUCACION CATOLICA,

Orientaciones educativas sobre el amor humano, Paoline, Roma, 1983.

SAGRADA CONGREGACION PARA LA EDUCACION CATOLICA, *Orientaciones para la formación de los futuros sacerdotes en los instrumentos de la comunicación social*, Paoline, Roma, 1987.

PONTIFICIO CONSEJO PARA LAS COMUNICACIONES SOCIALES, *Mensaje a todos los comunicadores católicos de América*, 2007.

PONTIFICIO CONSEJO PARA LAS COMUNICACIONES SOCIALES, *Ética en la publicidad*, 1997.

PONTIFICIO CONSEJO PARA LAS COMUNICACIONES SOCIALES, *Ética en las Comunicaciones Sociales*, 2000.

PONTIFICIO CONSEJO PARA LAS COMUNICACIONES SOCIALES, *La Iglesia e Internet*, 2002.

PONTIFICIO CONSEJO PARA LAS COMUNICACIONES SOCIALES, *Ética en Internet*, 2002.

2.   *Documentos Episcopales*

CEE (CONFERENCIA EPISCOPAL ESPAÑOLA), *La Iglesia y los Medios de Comunicación*, Paulinas, Madrid, 1978.

CEI (CONFERENZA EPISCOPALE ITALIANA), *Il Dovere Pastorale della Comunicazione Sociale*, Paoline, Roma, 1985.

CELAM (CONSEJO EPISCOPAL LATINOAMERICANO), *Los Medios de Comunicación en América Latina*, Edición del Seminario de Expertos del CELAM, México, 1971.

CELAM, *La Evangelización en el presente y en el futuro de América Latina, Documento de Puebla*, Paulinas, Buenos Aires, 1979.

CELAM, *Comunicación: misión y desafío, Manual Pastoral de Comunicación Social*, CELAM, Bogotá, 1986.

CELAM, *Comunicación-Evangelización, un reto para América Latina*, Decos, Bogotá, 1987.

CELAM, *Teoría y Praxis de la Iglesia Latinoamericana en Comunicaciones Sociales*, Decos, Bogotá, 1988.

MAHONEY, Roger, *Filmakers and Film Viewers: Entertainment that Enriches*, "Origins", vol XXII, 18 (1992), EE.UU.

3. *Ediciones y Comentarios*

ANDRES, R., *Los instrumentos de Comunicación Social, Comentario a "Inter Mirifica"*, Razón y Fe, Madrid, 1966.

BARAGLI, E., *La Inter Mirifica, Introduzione, storia, discussione, commento, documentazione*, SRCS, Roma, 1969.

BARAGLI, E., *Comunione, comunicazione e Chiesa: Prefazione, Prospetto generale dei Documenti, versione italiana e Indice analítico*, SRCS, Roma, 1973.

BOSTROM, R.N., *Competence in Communication. A multidisciplinary approach*, Sage, Beverly Hills, 1984.

DENZINGER, E., *El Magisterio de la Iglesia*, Herder, Barcelona, 1963.

DUHOURQ, C., *Los Medios de Comunicación, Comentario de la Instrucción Pastoral "Communio et Progressio"*, Guadalupe, Buenos Aires, 1972.

GRITTI, J., *Eglise, Cinema et Télévision: choix de textes des papes et des évêques. Introduction, annotations et index analytique des thèmes*, Fleurus, Paris, 1966.

IANUZZI, I., *I Papi e i mass media*, Ente dello Spettacolo, Roma, 1987.

IRIBARREN, J., *El derecho a la verdad: Doctrina de la Iglesia sobre prensa, radio y televisión (1831-1968)*, BAC, Madrid, 1968.

SPOLETINI, B., *Comunicación Social e Iglesia, Documentos Latinoamericanos 1956-1976*, Paulinas, Bogotá, 1977.

TRASSATTI, S., *Dal Concilio al Computer, Messaggi dei Papi sulle comunicazione sociale*, Ente dello Spettacolo, Roma, s.d.

II.   OBRAS DE ESPECIAL INTERÉS PARA EL TEMA

1.   *Obras en colaboración*

AA.VV., *Comunicaciones, Fe y Cultura, Jornadas Nacionales de Pastoral de los M.C.S.*, Paulinas, Madrid, 1984.

AA.VV., *Dynamique chrétienne de la communication moderne*, Mame, Tours, 1966.

AA.VV., *Enciclopedia de periodismo y comunicación*, Maveco, Bogotá, 1984.

AA.VV., *Etica del Periodismo, Congreso Católico Mundial de Prensa*, CCMP, Buenos Aires, 1974.

AA.VV., *Gli strumenti della comunicazione sociale*, L.D.C., Torino, 1968.

AA.VV., *La cláusula de conciencia*, EUNSA, Pamplona, 1979.

AA.VV., *La comunicación y los mass media*, Stella, Bilbao, 1985.

AA.VV., *L'alluvione cine-televisiva: una sfida alla famiglia, alla scuola, alla Chiesa*, Paoline, Roma, 1981.

AA.VV., *La scuola dei mass media. Studi e ricerche sulla problematica psicologica, pedagogica e didattica dei mass media nell'età infantile*, La Scuola, Brescia, 1984.

AA.VV., *Los jóvenes y los medios de comunicación*, Paulinas, Madrid, 1985.

AA.VV., *Médias et charité, IV Colloque de la Fondation Jean Rodhain*, SOS, Paris, 1987.

AA.VV., *Stampa cattolica, stampa d'opinione?*, Padova, Messagero, 1986.

AA.VV., *Vocabulario de la comunicación social*, Decos-Celam, Bogotá, 1988.

2.   *Estudios orgánicos*

ARANGUREN, J.L., *Sociologia della Comunicazione*, Il Saggiatore, Milano, 1967.

AYFRE, A., *Contributo ad una teologia dell'imagini*, Paoline, Roma, 1966.

BABIN, P., *Médias et Christianisme*, Le Centurion, Paris, 1984.

BABIN, P. - IANONNE, M., *L'ère de la communication, réflexion chrétienne*, Le Centurion-OCIC, Paris, 1986.

BACQUET, A., *Médias et christianisme*, Le Centurion, Paris, 1984.

BAGDIKIAN, B.H., *El monopolio de los medios de difusión,* Fondo de Cultura Económica, México, 1986.

BALDASARRI, S., *Lineamenti per una teologia del cinema*, ACEC, Roma, 1962.

BALLE, F., *Medias et Société*, Montchrétien, Paris, 1988.

BALLE, F., *Comunicación y sociedad. Evolución y análisis comparativo de los medios*, Tercer Mundo, Bogotá, 1991.

BARAGLI, E., *Comunicazione e Pastorale, Sociologia pastorale degli strumenti della comunicazione sociale*, SRCS, Roma, 1974.

BARAGLI, E., *Comunicación social y comunión*, Paulinas, Buenos Aires, 1978.

BARAGLI, E., *Comunicación social y comunión. Historia, teología pastoral y liturgia de los medios de comunicación social,* Paulinas, Bogotá, 1980.

BARAGLI, E., *Dopo Mc Luhan*, LDC, Torino, 1981.

BARROSO ASENJO, P., *Códigos Deontológicos de los Medios de Comunicación*, Paulinas, Madrid, 1984.

BEGUIN, B., *Journaliste, qui t'a fait roi?*, Ed. 24 Heures, Genève, 1988.

BENGIO BRITO, R., *Compendio de Deontología para Comunicadores*, Instituto de Filosofía y Letras, Montevideo, 1980.

BENSON, J., *Comunicación y persona, visión teológico-moral de la comunicación social, desde una perspectiva personalista*, PUST, Roma, 1989.

BERLO, D. K., *El proceso de la comunicación. Introducción a la teoría y a la práctica*, El Ateneo, Buenos Aires, 1990.

BERTHO, C., *Télégraphes et téléphones. De Valmy au microprocesseur*, Le Livre de poche, Paris, 1981.

BINI, L., *Teologia e mezzi audiovisivi*, SRCS, Milano, 1970.

BONETTO, N., *Il Giornale e tuo*, Paoline, Roma, 1986.

BOSTROM, R.N., *Competence in Communication. A Multidisciplinary Approach*, Sage, Beverly Hills, 1984.

BOULLET, M., *Le Choc des médias*, Declée, Paris, 1985.

BRODER, D.S., *Behind the Front Page. A Candid Look at How the News is Made*, Simon & Schuster, New York, 1987.

BROWN, J.A.C., *Técnicas de la persuasión*, Alianza Editorial, Madrid, 1991.

BRZEZINSKI, Z., *La Révolution Technétronique*, Calmann-Lévy, Paris, 1970.

CARONTINI, E., *Existence humaine et communication sociale*, Librairie Universitaire, Louvain, 1969.

CASILLO, P., *La morale della notizia*, Paoline, Roma, 1974.

CASTAN, L., *Teología de la información*, Dirección General de Prensa, Madrid, 1965.

CASTONGUAY, J., *La Psychologie au secours du consommateur*, Fides, Montréal, 1978.

CATHALA, H.P., *Le temps de la désinformation*, Stock, Paris, 1986.

CHAPPUIS, J-M., *Jésus et la Samaritaine. La géométrie variable de la Communication*, Labor et Fides, Genève, 1982.

DAMIAN, J., *Los Medios de Comunicación, ¿esclavizan o liberan?*, Paulinas, Buenos Aires, 1978.

DENNIS, E.E.-, *The Media at War: The Press and the Persian Gulf Conflict. A report of the Gannet Foundation*, Columbia University, New York, 1991.

DURANDIN, G., *Las mentiras en la propaganda y la publicidad*, Paidós, Barcelona, 1983.

ECO, U., *Apocalípticos e integrados*, Lumen, España, 1990.

EQUIPO DE COMUNICACION SOCIAL, *Lectura Crítica de los Medios Masivos*, Proa-Don Bosco, Buenos Aires, 1987.

ESPOSITO, R., *La massificazione non essiste. Per una interpretazione e un uso costruttivo dei mass media*, Paoline, Roma, 1978.

FAGES, J.B. - PAGANO, Ch. - FRIEDMANN, G., *Dictionnaire des media. Technique, Linguistique, Sémiologie,* Mame, Tours, 1971.

FOLLIET, J., *L'information moderne et le droit à l'information*, Gamma-CSF, Paris, 1969.

GABEL, E., *L'Enjeu des médias*, Mame, Paris, 1971.

GOFFREDO, D., *Il linguaggio dei media*, Paoline, Roma, 1984.

GOODALL, N., *Rapport d'Upsal 1968, 4ème. Assemblée du Conseil Œcuménique des Eglises*, C.O.E., Genève, 1969.

HASELDEN, N., *Morality and Media*, The Free Press, Nashville, 1968.

HERRAN, M.T., *¿La sociedad de la mentira?*, Cerec, Bogotá, 1986.

HERRAN, M.T.-RESTREPO, J.D., *Etica para periodistas*, Tercer Mundo, Bogotá, 1991.

HESSELGRAVE, D., *Communicating Christ Cross-culturally*, CEPS, Grand Rapids (USA), 1980.

HORSFIELD, P.G., *Religious Television. The American Experience*, Longmann, New York, 1984.

IANUZZI, V., *I media e i loro segreti*, Paoline, Roma, 1978.

IRIBARREN, J., *Etica de la información*, BAC, Madrid, 1982.

JOSSELIN, M. - CABRIES, J., *Les Protestants et la Télévision*, Cerf, Paris, 1984.

KATZ, E. - LAZARSFELD, P., *Personal Influence. The Part Played by People in the Flow of Mass Communication*, Free Press, Illinois, 1970.

KERALY, H., *Los media, religión dominante*, Speiro, Madrid, 1984.

KLAPPER, J., *The effects of Mass Communications*, Free Press, New York, 1965.

KUHNS, N., *The Electronic Gospel. Religion and Media*, Herder & Herder, Illinois, 1969.

LAULAN, A-M., *Cinema, et publiCPresse*, Retz, Paris, 1978.

LAULAN, A-M., *La résistance aux systèmes d'information*, Retz, Paris, 1985.

LENDVAI, P., *Les fonctionnaires de la vérité. L'information dans les pays de l'est*, Lafont, Paris, 1980.

LUCATELLO, E., *Giornalismo a misura dell'uomo*, Studium, Roma, 1974.

MACCARI, C., *Mass Media e Costume Sociale*, Piemme, Ancona, 1989.

MATTELART, A., *Multinationales et systèmes de communication. Les appareils idéologiques de l'impérialisme*, Anthropos, Paris, 1977.

MATTELART, A., *L'Internationale publicitaire*, La Découverte, Paris, 1989.

MATTELART, A., *La communication-monde. Histoire des idées et des stratégies*, La Découverte, Paris, 1992.

MC BRIDE, S., *Many voices, one world. Towards a new more efficient world information and communication order. Final Report of the International Commission for the study of Communication Problems*, Kogan Page, London, 1980.

MC LUHAN, M., *The Gutenberg Galaxy: The Making of Typographic Man*, Toronto University Press, Toronto, 1962.

MC LUHAN, M., *Understanding Media,* University of Toronto Press, Toronto, 1964.

MC LUHAN, M. y E., *Leyes de los medios. La nueva ciencia.* Alianza Editorial

Mexicana, México, 1990.

MC LUHAN, M.- BABIN, P., *Uomo nuovo, cristiano nuovo nell'era elettronica*, Paoline, Roma, 1979.

MC QUAIL, D., *Mass Communication Theory. An Introduction*, Sage, London, 1987.

MERRIL, J.C. - BARNEY, R., *La prensa y la ética, ensayo sobre la moral de los medios masivos de comunicación*, EUDEBA, Buenos Aires, 1981.

MOITEL, P. - PLETTNER, C., *Le Jour du Seigneur*, Le Centurion, Paris, 1986.

MOLINA, A.G., *La Iglesia en la encrucijada de la comunicación social*, Paulinas, Madrid, 1971.

MOLINA, M., *Les journalistes. Statut professionnel, libertés et responsabilités*, Victoires, Paris, 1989.

MONTERO, A., *La información religiosa en sus vertientes teológica y periodística*, Escuela de Periodismo, Madrid, 1969.

O'SULLIVAN, J., *La comunicación humana. Grandes temas contemporáneos de la comunicación*, Iumpa, Caracas, 1985.

PELLEREY, M., *Domanda di educazione e nuove tecnologie della comunicazione*, LAZ, Roma, 1987.

PACKARD, V., *Las formas ocultas de la propaganda*, Sudamericana, Buenos Aires, 1973.

PINTO DE OLIVEIRA, C-J. - BEGUIN, B., *L'éthique professionnelle des journalistes*, Ed. Universitaires, Fribourg (Suisse), 1981.

PINTO DE OLIVEIRA, C-J., *Etique de la Communication Sociale. Vers un ordre humaine de l'information dans le monde*, Ed. Universitaires, Fribourg (Suisse), 1987.

POMPEI, A., *Evangelizazione e comunicazione*, Paoline, Roma, 1975.

POULTON, J., *The Christian Communicator's Questions*, The World Association for Christian Communication, London, 1970.

REARDON, K., *La persuasión en la comunicación*, Paidós, Barcelona, 1991.

RICCI BILLI, P.E.-ZANI, B., *La comunicación como proceso social*, Grijalbo, México, 1990.

RINGLET, G., *Dieu et les journalistes*, Desclée, Paris, 1982.

ROVIGATTI, V., *Scienza dell'opinione pubblica*, Paoline, Milano, 1985.

SWAIN, B., *Etica periodística*, Tres Tiempos, Buenos Aires, 1978.

TADDEI, N., *Mass media, evangelizazione e promozione umana*, CEI, Roma,

1976.

TILLARD, J.M.R., *Eglise d'Eglises. L'ecclésiologie de communion*, Paris, Cerf, 1987.

TINACCI, G., *Le grande comunicazioni*, Istituto de Sociologia, Firenze, 1969.

UNESCO, INTERNATIONAL COMMISSION FOR THE STUDY OF COMMUNICATION PROBLEMS, *Responsibility and Obstacles in Journalism*, UNESCO, Paris, 1977.

VASQUEZ, F., *Fundamentos de la ética informativa*, Forja, Madrid, 1983.

WATZLAWICK, P.-BEAVIN, J.-JACKSON, D., *Teoría de la comunicación humana*, Herder, Barcelona, 1991.

WESTIN, A., *News Watch*, Simon & Schuster, New York, 1982.

WOLF, M., *La investigación de la comunicación de masas. Crítica y perspectiva*, Paidós, México, 1991.

ZANACCHI, A., *Potenza e prepotenza della comunicazione sociale*, Paoline, Roma, 1969.

ZANACCHI, A., *La sfida dei mass media*, Paoline, Roma, 1977.

ZECCHETTO, V., *Comunicación y actitud crítica,* Paulinas, Buenos Aires, 1986.

III.   ARTÍCULOS

[citados por *Artículo*, "Revista", número (año), págs. y lugar de edición]

AJASSA, M., *La comunicazione sociale nell'approccio pastorale*, "Euntes Docete", 3 (1983), 489-500, Roma.

BABIN, P., *De la Communication à la Communion*, "Lumen Vitae", vol XLII, 3 (1987), 251, Roma.

BARAGLI, E., *Verso una teologia degli strumenti della comunicazione sociale?*, "La Civiltá Cattolica" 3040 (1970), 141-150, Roma.

BARAGLI, E., *C'è una teologia dei mass media?*, "Miscellanea Lateranense" (1975), 526-547, Roma.

BARAGLI, E., *Sull mass media. Dalla comunicazione alla comunione. Per una teologia dei mass media*, "Palestra del Clero", 23 (1984), 1424-1431, Roma.

BARAGLI, E., *I mass media nel nuovo Codice di Diritto Canonico*, "La Civiltá Cattolica", 3195-3196 (1983), 209-222, Roma.

BARAGLI, E., *Le nuove tecnologie di comunicazione: aspetti morali*, "La Civiltá Cattolica", 3206 (1984), 131-139, Roma.

BARAGLI, E., *Informatica e pastorale*, "La Civiltà Cattolica", 3258 (1986), 549-563, Roma.

BARAGLI, E., *Religione e società dell'imagine. Raffigurare è dei cattolici*, "Mass Media", 4 (1987), 11-14, Italia.

BARRAUD, Ph., *Les journalistes sont-ils respectables?*, "L'Hebdo", 49 (1988), 28-29, Suisse.

BINI, L., *Teologia e mezzi audiovisivi*, "Aggiornamento sociale", 12 (1966), 733-752, Milano.

BINI, L., *Comunicazione*, en *Dizionario di Teologia Morale*, Roma, Paoline, 1982, 121-129.

BORRAS, A., *Appartenance à l'Eglise, communion ecclésiale et excommunication*, "Nouvelle Revue Théologique", 110 (1988), 801-824, Belgique.

BOURGEOIS, H., *Comment croire quand les médias sont là?*, "Projet", n. 207 (1988), 94-106, Paris.

BOURGEOIS, H., *Théologie et médias*, "Lumière eTVie", 155 (1981), 101-116, France.

CHAIGNE, F., *Objectifs des chrétiens dans la communication*, "Chrétiens Médias", 150 (1987), 1-7, Bar le Duc, France.

CHOLLET, J., *Prédication et narration*, "Foi eTVie", 2-3 (1986), 35-49, France.

COLLANGE, J-F. - MENGUS, R., *Communication et communion: perspectives théologiques et étiques*, en AA.VV., "Médias et Charité, IVe. Colloque organisé par la Fondation Jean Rodhain", Paris, S.O.S., 1987, 91-120.

COSTA, E., *Teologia dei mezzi di comunicazione sociale*, "Ministerio Pastorale", 1 (1977), 9-16, Roma.

COSTE, R., *La communion ecclésiale comme service de la paix*, "Nouvelle Revue Théologique", n. 110 (1988), 710-728, Belgique.

DE VAUJAS, A., *Est-il moral de promouvoir le 'sexe sans risque'?*, "Nouvelle Revue Théologique", 110 (1988), 874.

DEWAILLY, L-M., *Communio-Communicatio*, "Revue des Sciences philosophiques et théologiques", 54 (1970), 46-63, France.

DINECHIN, O., *Un prisme pour la parole de l'Eglise*, "Projet", n. 207 (1988), 94-106, Paris.

DIAZ, A., *Hacia una teología de las comunicaciones sociales*, "Estudio Agustiniano", 8 (1973), 252-266, Madrid.

EDITORIALE, *L'uomo che inventó la radio*, "Radio Vaticana", 4 (1987), 4-5, Roma.

FOLEY, J.P., *Adeguato sostegno al mondo dei media*, *O R* (27-IX-1985).

FOLEY. J.P., *Entrevista al Presidente de la Pontificia Comisión de MCS*, "Esquiú", 1390 (1986), 8-12, Buenos Aires.

FOLEY, J.P., *Giustizia, Pace e Mass Media*, "Via, Veritá e Vita", 107 (1986), 14-18, Roma.

GABEL, E., *Comunicazione, mezzi di*, "Sacramentum Mundi", II, Brescia, Morcelliana, 1974.

GARRET, T., *Manipolazione e mezzi di comunicazione di massa*, "Concilium", 5 (1971), 77-78.

GIL DE MURO, E., *La prensa periódica, instrumento de encuentro entre la fe y la cultura*, en AA.VV., *Comunicaciones, Fe y Cultura. Jornadas Nacionales de Pastoral de los M.C.S.*, Paulinas, Madrid, 1984, pp. 193-210.

GRITTI, T., *Un'etica per i mass-media*, "Studi Cattolici", 134 (1972), 270-277, Italia.

HERRAN, M.T., *Manipulación de la información y formación democrática*, "Gaceta CPB", 55 (1989), Bogotá.

HOFFMAN, J., *La Désinformation*, "La Pensée Catholique", 227 (1987), 62-65, Paris.

IMPERIALE, S.., *La confusión*, "Verbo", n. 192 (1979), 83-93, Buenos Aires.

KAPFERER, J-N., *Les Médias et la vérité*, "Catholica", 3 (1987), 4-12, Paris.

LARREA BENALCAZAR, L., *Los códigos de ética en América Latina*, "Chasqui", 18 (1986), 8-18, Quito.

MATTON, G., *Etiques el Communication*, "Le Supplément", 145 (1983), 295-308, France.

MATELLANES, A., *Communicatio, el contenido de la comunión eclesial en San Cipriano*, "Communio", 1 (1968), 19-64; 2 (1968), 102-103; 3 (1968), 347-401.

MITRE, B., *La prensa frente a la revolución tecnológica*, "La Nación" (23-X-92), 9, Buenos Aires.

PALO, G., *Mass media e società*, en AA.VV., *Trattato di etica teologica*, vol III, Bologna, Dehoniana, 1981, 203-275.

PANNIKAR, R., *Teologia e mezzi di comunicazione sociale*, "Studi Cattolici", 37 (1963), 11-31, Roma.

PANTOJA CHAVES, A. *Los nuevos medios de comunicación social: las redes sociales,* Dial Net, 2011.

PERINO, R., *Il contesto teologico ed eclesiale dell'apostolato mediante gli strumenti della comunicazione sociale,* en AA.VV., *La Chiesa e i mass media,* Roma, Paoline, 1968, 27-43.

PINTO, O.J., *Diritto a la verità e comunicazione sociale,* en AA.VV., *Problemi e prospettive di Teologia Morale,* Brescia, Queriniana, 1976, 363-390.

REY, J.I., *La ética de la Comunicación en su contexto sociopolítico,* "Comunicación", 8 (1976), 4-13, Caracas.

SA, A., *Naturaleza humana e ética da comunicaçoes,* "Revista de Comunicaçao Social", 11 (1981), 3-14, Brasil.

SANTOS ARRARTE, J.A., *Textos y notas sobre comunicación y sociedad,* "Verbo", n. 268 (1986), 68-71, Buenos Aires.

SCHONBORN, C., *L'Icône du Verbe Incarné, O R,* 15 (1988), 13.

SPOLETINI, B., *Principales lineamientos del Magisterio eclesiástico en cuanto a comunicación social, desde la situación pastoral de América Latina,* en CELAM, *Teoría y Praxis de la Iglesia Latinoamericana en Comunicaciones Sociales,* Bogotá, Decos, 1988, 101-126.

TILLARD, J.M.R., *Koinônia,* en *Dictionnaire de Spiritualité,* Paris, Beauchesne, 1974, vol VIII, col. 1758.

USLAR PIETRI, A., *Las comunicaciones como revolución,* "Visión", vol 40, 8 (1972), 11.

VINCENT, A., *Pour une théologie de l'image,* "Revue Thomiste", vol LIX, 2 (1959), 320-338, France.

WILLAIME, J.-P., *Vers les chrétiens électroniques,* "Lumière eTVie" 155 (1981), 56-69, France.

WHITE, R., *The new Communications emerging in the Church,* "The Way", Supplement 57 (1986), 4-26, London.

NOTAS

[1] Cfr. PONTIFICIO CONSEJO PARA LAS COMUNICACIONES SOCIALES (en adelante: PCCS), *La Iglesia e Internet*, 6.

[2] Cfr. PANTOJA CHAVES, A. *Los nuevos medios de comunicación social: las redes sociales,* Dial Net, 2011.   Cfr. También BERNAL TRIVIÑO, Ana, *Redes sociales y medios de comunicación,* Academia.edu, 2009.

[3] Cfr. PCCS, Instrucción Pastoral *Communio et Progressio* (en adelante: CP), 96-98. Este tema será desarrollado en los capítulos sucesivos.

[4] Cfr. S. JUAN PABLO II, *Exhortación Apostólica "Christifideles laici"* (en adelante: CL), PPC, Madrid, n 44, p. 108.

[5] Marconi, el joven agricultor boloñés, logró emitir la S morse en 1895, desde el galpón de su casa. En 1901 realizaba la primera trasmisión a través del Atlántico, y 30 años después ponía en manos del Papa el micrófono que daría comienzo a la *Radio Vaticana*.

[6] Cfr. PCCS, *Aetatis novae* (en adelante AN), 8.

[7] Cfr. PCCS, *Communio et Progressio* (en adelante CP), 15.

[8] Cfr. los referidos a Internet, en la Bibliografía.

[9] Cfr., respectivamente, 19.63 y 126-134.

[10] Cfr. S. Juan Pablo II, *Redemptoris missio,* n. 37.

[11] Cfr. Mensaje para la Jornada Mundial para las Comunicaciones Sociales, 2013: *Redes Sociales, portales de verdad y de fe; nuevos espacios para la evangelización*)

[12] Cfr PCCS, *La Iglesia e Internet*, 2.

[13] Cfr. 33.

[14] Cfr. PIO XII, *Miranda Prorsus*, 18.

[15] Cfr. GS, 62.

[16] Cfr. 59-62.

[17] Cfr. CP 54.

[18] Cfr. PIO XII, *o.c.*, 20.

[19] Cfr. PELLEREY, M., *Domanda di educazione e nuove tecnologie della comunicazione*, Roma, LAZ, 1987.

[20] Cfr. AN 19. La Congregación para la Educación Católica ha hecho lo propio, en un documento ya citado, respecto de las casas de formación, religiosas y sacerdotales.

[21] Prescindimos aquí de casos como el de las obras filmadas directamente para la televisión (por ejemplo *Jesús de Nazareth*, de Zefirelli), en las que el artista trabaja con los recursos electrotécnicos de dicho medio como un pintor con sus pinceles.

[22] Cfr. CP 55, nota 11.

[23] Cfr. *o.c.*, 21.

[24] Cfr. S. JUAN XXIII, *Ad Petri Cathedram*, 4.

[25] Cfr. S. JUAN PABLO II, *Los mass media, instrumentos de unidad y de caridad* (O R, 13-III-85, p. 4); CDIC 2492.

[26] PCCS, *Ética en Internet*, n. 6.

[27] Cfr. PCCS, *Pornografía y violencia en las comunicaciones sociales: una respuesta pastoral*, 9.20; CDIC 2498-2499.2525.

[28] Cfr. MC BRIDE, S., *Many voices, one world...*, London, Kogan Page, 1980, p. 211.

[29] Cfr. CL 44; CDIC 2499.

[30] Cfr. SAGRADA CONGREGACION PARA LA EDUCACION CATOLICA, *Orientaciones educativas sobre el amor humano*, 68; IM 12.

[31] cfr. PV 20.28

[32] Cfr. GS 54 y 57.

[33] Cfr. GS 27.

[34] Cfr. S. JUAN PABLO II, *La verdad, fuente y criterio de la libertad de información* (O R, 2-IV-89, n 3, p. 9); CDIC 2494, 2497.

[35] Cfr. PCCS, *Iglesia e Internet*, n. 9.

[36] Cfr. S. Juan Pablo II, *Mensaje para la Jornada mundial de las comunicaciones sociales,* 2002, n. 4.

[37] PCCS, *La Iglesia e Internet*, 7.

[38] Cfr. PCCS, *Iglesia e Internet*, n. 9, Benedicto XVI, *Mensaje para la Jornada mundial de las comunicaciones sociales,* 2011.

[39] PCCS, *Ética en las comunicaciones sociales*, n. 29.

[40] Cfr. Compendio de Mensajes de las Jornadas Mundiales para las Comunicaciones Sociales, (1967-2007), en Catholic.net.

[41] Cfr. Mensaje del Papa Francisco para la 48° Jornada Mundial de las Comunicaciones Sociales, 2014.

[42] Cfr. CDIC 2496. Para una evaluación de los contenidos del cine y la TV, cfr. la Carta Pastoral del Obispo de los Ángeles, MAHONEY, R., *Filmakers and Film Viewers: Entertainment that Enriches*, en *"Origins"*, vol 2, n 18 (1992).

[43] Cfr. SWAIN, B., *Erica periodística*, Buenos Aires, Tres Tiempos, 1978; UNESCO, INTERNATIONAL COMMISSION FOR THE STUDY OF COMMUNICATION PROBLEMS, *Responsibility and obstacles in Journalism*, Paris, UNESCO, 1977.

[44] Cfr. BOSTROM, R.N., *Competence in Communication. A multidisciplinary approach*, Beverly Hills, Sage, 1984.

[45] Cfr. CP 58; CDIC 2494, 2497, 2525.

[46] Cfr. *Suma Teológica* III, q.73 a.4; II-II, q.23 a.1; q.25 a.3.

[47] Cfr. S. JUAN PABLO II, *Carta Apostólica "Euntes in Mundum"*, O R 22-III-88, n 11, p. 7; CDIC 79; 947.

[48] Cfr. Jr 4, 23; Ez 1, 1; Is 45, 8; Sal 79, 15; Sb 18, 15; Ap 21, 2.

[49] Cfr. AN 6.

[50] Cfr. *Didaché*, 6, 9, 4.

[51] Cfr. AN 12.

[52] Cfr. S. JUAN PABLO II, *O R*, 22-III-88, n 12, p. 2.

[53] Cfr., por ejemplo, el elenco de citas que, a este efecto, trae el n. 2 de CP, y los documentos posteriores presentes en nuestra reseña bibliográfica.

[54] Cfr. IM 3.

[55] Cfr. IM 6.

[56] Cfr. CP 7-8; Gn 1, 26ss.; G S 34 y 57.

[57] S. JUAN PABLO II, *La verdad, fuente y criterio de la libertad de información* (O R, 2-IV-89, n 3, p. 9).

[58] Cfr. S. JUAN PABLO II, O R, 22-III-88, 1-3 y 12.

[59] Cfr. WHITE, R., *The new Communications emerging in the Church*, "The Way", suppl. 57 (1986), pp. 4-26. A este respecto trae interesantes observaciones SHORT, R., *The Gospel According to Peanuts,*   Virginia, John Knox Press, 1965, cap. I.

[60] Cfr. KUHNS, N., *The Electronic Gospel. Religion and Media*, New York, Herder & Herder, 1969.

[61] Cfr. CP 126-134.

[62] Podrían agregarse aquí, entre los compromisos que desafían actualmente a los comunicadores, los temas de las diversas Jornadas Mundiales de la Comunicación Social. Surgen así nuevas líneas de acción en relación, por ejemplo, con la familia, la infancia y la juventud, con la reconciliación, la unidad y la paz, la promoción de los valores espirituales, la relación entre la Fe y la Cultura, etc. Cfr. *Compendio de Mensajes de las Jornadas Mundiales para las Comunicaciones Sociales*, en nuestra Bibliografía.